医药经贸管理专业导论系列教材

公共事业管理专业导论

王高玲 主编

东南大学出版社
SOUTHEAST UNIVERSITY PRESS
·南京·

内 容 简 介

本书根据多年的教学实践体会和专业发展现状,分7章分别介绍了公共事业管理专业的沿革与发展,人才培养目标和要求,学科基础,课程体系,教学安排及学习方法,毕业、就业及继续教育,学习辅导。全书采用教科书的编写体例,力求结构清晰、通俗易懂、内容符合通识性教材的要求。

本书可以作为公共事业管理专业导论课的教材,亦可以作为相关领域管理人员和研究人员的参考资料。

图书在版编目(CIP)数据

公共事业管理专业导论 / 王高玲主编 . —南京:东南大学出版社,2014.11(2019.7重印)
医药经贸管理专业导论系列教材 / 田侃主编
ISBN 978-7-5641-5254-3

Ⅰ.①公… Ⅱ.①王… Ⅲ.①公共管理 – 高等学校 – 教材 Ⅳ.①D035

中国版本图书馆 CIP 数据核字(2014)第 233763 号

公共事业管理专业导论

出版发行	东南大学出版社
出 版 人	江建中
社　　址	南京市四牌楼2号(邮编210096)
印　　刷	兴化印刷有限责任公司
经　　销	新华书店
开　　本	700 mm×1000 mm　1/16
印　　张	9
字　　数	145 千字
版　　次	2014年11月第1版　2019年7月第3次印刷
书　　号	ISBN 978-7-5641-5254-3
定　　价	20.00 元

* 东大版图书若有印装质量问题,请直接向营销部调换。电话:025-83791830。

医药经贸管理专业导论系列教材编写委员会

主任委员　王长青
副主任委员　田　侃
编　　委　（按姓氏笔画排序）
　　　　　王高玲　汤少梁　杨　勇　沈爱玲
　　　　　沈永健　姚峥嵘　钱爱兵　徐爱军
　　　　　高　山　熊季霞
秘　　书　瞿丹枫

《公共事业管理专业导论》
编写委员会

主　编　王高玲
副主编　卫　陈　沈秋欢
编　委　（以下按姓氏笔画排序）
　　　　卫　陈　王　安　王高玲　申瑜洁　张　丽
　　　　沈秋欢　徐　州　彭　翔

序

我国的高等学校分为研究型大学、教学型大学和应用型大学。目前,综合性的院校立足于建设研究型大学,普通高等院校偏向于建设教学型大学,职业技术高校的侧重点在建设应用型大学。传统的本科教育一直注重理论教学,这种教育模式使得学生缺乏实践能力。中医药教育同时兼备了研究、教学与应用的综合性学科,南京中医药大学为了建设一流的中医药大学,将理论性和实践性结合,推出了专业导论系列教材。

本套经管类专业导论系列教材是我校经贸管理学院组织教学科研一线教师精心编写的本科专业课程指导教材。本套教材首次作为各个专业的指导教材,凝结了教师多年的教学经验,立足于专业角度对课程进行全面而系统的概括。

教材着眼于新生专业课程的入门教育,希望专业导论的开展能够使学生对专业学习有一个宏观的把握,更好的了解专业课程设置的背景和目的,了解本专业中的教学要求以及存在的问题,树立正确的专业认知,教材同时对学科的发展脉络进行了梳理,能够对学生今后的学习和就业提供一定的指导和借鉴。

本套教材有如下基本特点:

1. 专业区分明确　本系列教材主要包括公共事业管理专业导论、药事管理专业导论、国际经济与贸易专业导论、电子商务专业导论、信息管理与信息系统专业导论、市场营销专业导论等。每本教材严格按照国家教育部专业目录基本要求和学校的专业培养目标编写,更加突出培养人才的专业性趋势,更加具有社会竞争的优势。

2. 注重基础把握　在高等中医药院校中,经济管理类专业属于交叉学科,也属于边缘学科,以往的教材侧重于对专业整体导向的把握,对中医药却少有涉及。本套系列教材结合中医药特色,充分研究论证专业人才的素质要求、学科体系构成,旨在培养适应社会主义现代化和中医药发展需要,同时具备中医药基本理论、基本知识、基本技能的专业人才。

3. 重视能力培养　为了提高学生专业能力而设置的专业导论,在课堂讲授的同时,设置也一定量的练习题,使学生能够更好的挖掘学习资源,提高学生自主学习和探索的能力。同时在一些课程中增加了实际案例,更具有趣味性和实用性,以进一步培养学生的专业素养。

4. 适用教学改革　按照高等学校教学改革的要求,专业导论本着精编的原则,切实减轻学生负担,全套教材在精炼文字的同时,更加注重提高内容质量,根据学科特点编写,更加切合学生学习的需要。

当前国内尚未出版对专业教学的指导教材用书,本套系列教材也是摸着石头过河的探索,我赞赏我校经贸管理学院老师的认真负责的态度和锐意创新的精神,欣然应允为本套教材作序。

黄桂成

2014 年 9 月

前 言

改革开放以来,随着我国社会主义市场经济体制逐步确立并不断完善,我国社会管理的方式不断变革,政府的职能与角色也发生着深刻的变化,根据社会主义市场经济的要求,需要形成新的公共事业管理体制,培养新型公共事业管理人才。

1998年,当时的国家教委在普通高等学校专业目录中增设了公共事业管理本科专业,是公共管理类专业的四个专业之一,其他的三个专业分别是行政管理、劳动与社会保障、土地资源管理。公共事业管理专业是适应政府社会管理和经济管理改革的需要,以社会公共事务这一管理对象为依据而设立的专业,主要是为国家培养现代公共管理人才。本专业自1998年设立后,如雨后春笋般在全国高校落地生根,成为我国高等院校新兴的发展较快的热门专业之一,并向社会源源不断地输送掌握现代公共管理理论、技术与方法,在科技、文化、教育、卫生、环境保护、社会保障及公用事业等领域从事管理工作的高级专门人才。从已经开办公共事业管理专业的学校的情况来看,虽然该专业的名称全国是统一的,但是各高校专业的办学方向是多样化的,大多数学校都是依靠原有的办学基础,根据自身的特点和拥有的教育资源制定符合自身情况的培养方案。作为开设公共事业管理专业的医药类高校,对该专业人才的培养体现出较明显的医药卫生行业特色。本书力求通过通俗简要的专业介绍及医药类高校本专业的相关信息介绍,使学生在入学之初,就对本专业的人才培养目标与基本要求,本专业的课程设置、主干课程以及所涉及的研究领域、本专业的特点与学习方法等有一个初步认识,稳固专业思想,提高学习兴趣与动力,以正确的学习态度与学习方法进行专业学习。

  本教材的主编和编者全部是从事相关基础课和专业课教学多年的专业教师，不仅有较丰富的教学经验，而且有较丰富的专业实践经验，对这门课程的内涵、特点等都有较深刻的认识和切身体验。具体编写分工如下（按章节顺序排）：第一章王高玲、沈秋欢，第二章徐州，第三章王安，第四章卫陈，第五章彭翔，第六章王高玲、申瑜洁，第七章张丽。

  本书在编写过程中，参考了许多学者的著作，借鉴了他们的成果，在此向他们致以谢意。由于水平有限，我们真挚地希望读者对本书的错误和不妥之处提出批评与建议，在此表示衷心的感谢。

编者
2014 年 6 月

目 录

第一章 公共事业管理专业的沿革与发展

第一节 公共事业管理专业及其相关学科 ············ 002
一、公共事业管理专业介绍 ············ 002
二、相关专业介绍 ············ 005

第二节 公共事业管理专业的产生与国内外发展 ············ 009
一、公共事业管理专业的创立 ············ 009
二、专业的国外发展情况 ············ 010
三、专业的国内发展情况 ············ 011

第三节 医药院校公共事业管理专业的状况与特色 ············ 014
一、医药院校公共事业管理专业的状况 ············ 014
二、医药院校公共事业管理专业的特色 ············ 015

第二章 公共事业管理专业人才培养目标和要求

第一节 公共事业管理专业的培养目标 ············ 017
一、公共事业管理人才的需求分析 ············ 017
二、总体培养目标 ············ 019
三、专业培养目标 ············ 020

第二节 公共事业管理专业的人才素质要求 ············ 020
一、素质结构要求 ············ 021
二、知识结构要求 ············ 021
三、能力结构要求 ············ 021

第三节　相近专业的人才培养目标及人才素质要求 …………… 022
　一、工商管理 ……………………………………………………… 022
　二、行政管理 ……………………………………………………… 023
第四节　医药院校公共事业管理专业人才培养目标及人才素质要求的
　　　　实现途径 …………………………………………………… 024
　一、医药院校公共事业管理专业人才培养目标与要求 ………… 024
　二、医药院校专业人才培养模式与途径 ………………………… 027

第三章　公共事业管理专业的学科基础

第一节　公共事业管理专业学科的理论基础 …………………… 030
　一、公共需求理论 ………………………………………………… 031
　二、公共产品理论 ………………………………………………… 033
　三、公共事务治理理论 …………………………………………… 036
　四、新公共管理理论 ……………………………………………… 038
第二节　专业学科的研究内容 …………………………………… 039
　一、公共事业管理的主体 ………………………………………… 039
　二、公共事业管理的客体 ………………………………………… 040
　三、公共事业管理的目的 ………………………………………… 041
　四、公共事业管理的方法 ………………………………………… 042
　五、公共事业管理的环境 ………………………………………… 042
第三节　专业学科的研究方法 …………………………………… 043
　一、历史研究法 …………………………………………………… 043
　二、案例分析法 …………………………………………………… 044
　三、比较研究法 …………………………………………………… 044
　四、实践抽象法 …………………………………………………… 045
　五、试验分析法 …………………………………………………… 045

第四章 公共事业管理专业课程体系

第一节 课程设计思路 …… 047
一、课程的内涵 …… 047
二、课程设计的思路 …… 047

第二节 课程设计原则 …… 049
一、科学性原则 …… 049
二、创新性原则 …… 050
三、社会需求导向原则 …… 051
四、专业方向课程设置原则 …… 052
五、实践性原则 …… 052

第三节 基础课程与核心课程介绍 …… 054
一、基础课程 …… 054
二、核心课程 …… 056

第四节 实验与实践教学 …… 058
一、实验教学 …… 058
二、专业实习 …… 059
三、毕业论文 …… 060
四、课外实践 …… 061

第五章 公共事业管理专业教学安排及学习方法

第一节 教学安排 …… 062
一、教学目标 …… 062
二、教学内容 …… 063
三、教学方法 …… 063

第二节 教学环节 …… 066

一、理论教学 …………………………………………… 066
　　二、自主学习 …………………………………………… 068
　　三、实践教学 …………………………………………… 069
　　四、学习方法建议 ……………………………………… 072
　　五、考核要求 …………………………………………… 075

第六章　公共事业管理专业毕业、就业及继续教育

第一节　毕业要求 …………………………………………… 078
　　一、毕业考核 …………………………………………… 078
　　二、毕业流程 …………………………………………… 081
第二节　就业前景 …………………………………………… 081
　　一、就业领域 …………………………………………… 082
　　二、就业前景 …………………………………………… 085
第三节　专业相关资格证书 ………………………………… 090
第四节　学历深造 …………………………………………… 090

第七章　公共事业管理专业学习辅导

第一节　专业名人 …………………………………………… 093
　　一、公共管理理论初创阶段代表人物 ………………… 093
　　二、公共行政管理理论演进过程中的代表人物 ……… 095
　　三、公共行政管理理论深化过程中的代表人物 ……… 099
　　四、公共行政管理理论拓展中的代表人物 …………… 100
第二节　专业名著 …………………………………………… 102
　　一、西方政治学经典名著 ……………………………… 102
　　二、西方管理学经典名著 ……………………………… 104
　　三、制度经济学经典名著 ……………………………… 106
　　四、公共行政学经典名著 ……………………………… 109
　　五、公共政策学经典名著 ……………………………… 113

  六、公共管理学阅读名著 …………………………………… 116
  七、研究方法论阅读经典 …………………………………… 120
 第三节 专业名刊 ………………………………………………… 122
  一、Ⅰ类期刊（最新版，不含扩展版）……………………… 122
  二、Ⅱ类期刊（最新版，不含扩展版）……………………… 122
  三、Ⅲ类期刊 ………………………………………………… 122
  四、Ⅳ类期刊 ………………………………………………… 123
  五、Ⅴ类期刊 ………………………………………………… 123
 第四节 专业相关网站介绍 …………………………………… 123

参考文献 …………………………………………………………… 124

第一章

公共事业管理专业的沿革与发展

公共事业管理专业是培养能够在各级党政机关、企事业单位、特别是各种公共组织中从事管理工作、相关研究和教育工作的高素质人才。公共事业管理专业是根据社会发展、公共事业管理变革的需要而设置的。二战后,尤其是20世纪70年代以来,随着社会、经济的不断进步和科学技术的迅速发展,社会公共事务的管理面临着前所未有的挑战,对公共事业管理工作的科学化、专业化要求日益增加,西方国家兴起了与传统的公共行政学相区别的公共管理学。改革开放后,我国的公共事业管理专业应运而生,公共事业管理专业教育成为一个新兴学科,公共事业管理专业逐渐成为公共管理学下的一个分支专业。经过长期的发展,公共事业管理专业已经成为一个充满生机活力的专业。就医药院校公共事业管理专业而言,主要侧重于医药卫生方向和公共事业管理的结合。医学类院校积极发挥自身医药卫生学科的行业优势,在公共事业管理专业的人才培养方案和课程设置中,非常注重医药学方面知识及应用能力的培养,着重培养能在公共事业单位尤其是医药卫生领域的企事业单位从事管理工作的应用型、复合型的专门人才。

第一节　公共事业管理专业及其相关学科

一、公共事业管理专业介绍

1. 公共事业和公共事业管理

公共事业一般是指那些面向全社会，以满足社会公共需要为基本目标，直接或间接为国民经济和社会生活提供服务或创造条件，并且不以营利为目的的社会活动。公共事业管理的基本目标，是为了更好地满足社会的各种公共需要，运用公共权力和公共资源为社会的生存和发展创造条件。

公共事业管理，简单地说就是对公共事业进行的管理，是指公共事业组织在一定的环境和条件下，动员和运用有效资源，采取计划、组织、领导和控制等方式对社会准公共事务进行协调，实现提高生活质量，保证社会利益目标的活动过程。"公共事业管理是公共管理的一个子领域，是在公共事业组织特征的基础上研究公共事业组织的活动和管理过程及其规律的学科，其目的是要提高公共事业组织活动绩效，促使公共事业组织更有效地提供公共物品和服务。"对公共事业管理的理解往往离不开对其主客体的认识。

首先，政府是公共事业管理的主要主体，这是由政府代表国家行使的公共权力决定的。公共事业管理的目标是有效地提供公共物品与使用公共资源。由于"个体的理性必然导致集体的非理性"，因此，公共事业管理必须建立于使用公共权力，其核心问题是通过公共权力的运用来满足社会公共需要。不同等级的公共事业管理，需要不同等级的公共权力，但就整个社会而言，只有政府才具有这一公共权力。所以，政府必然要管理公共事业并成为公共事业管理的主要主体。

民众是公共事业管理的基本主体。民众是公共权力的最终拥有者，运用公共权力进行的公共事业管理必然要有民众的参加，以使民众行使公共事业管理的终极权力。只有民众的广泛参与,公共事业管理才能真正实现决策的民主化与科学化。

公共事业管理的客体包含丰富的内容。从实体角度看,公共事业管理的客体包括公共组织与非公共组织。公共事业管理是由各类组织参与的,当各类组织参与公共事业时,就需要对它们进行管理,这样才能保证这些组织实现公共事业管理的根本目标并不以赢利为目的。特别是在我国现阶段,从事公共事业的非政府公共组织追求利润最大化的企业行为(如教育与医疗的乱收费等)比比皆是,而各类非公共组织的根本目标就是获取最大利润。因此,对参与公共事业的各类组织进行有效管理是公共事业管理的重要内容,它不仅是确保公共事业管理实现公正与公平价值取向的需要,也是确保公共事业管理实现效率与效益价值取向的需要。从这里我们可以看出,政府作为公共事业管理的主要主体对包括自身在内的各类公共组织和非公共组织进行管理的必要性,因为这一管理任务只有政府才能承担、也是政府必须承担的。

从提供物品角度,公共事业管理的客体包括纯公共物品、准公共物品与私人物品。公共事业包括教育、科技、文化、卫生、医疗、体育等领域,这些领域不仅包括纯公共物品的提供,也包括准公共物品的提供,甚至还包括私人物品的提供。如教育领域的义务教育与科学技术领域的基础理论研究属于纯公共物品;教育领域中的高等教育属于准公共物品;志愿者服务中的家庭服务则属于私人物品。

从管理层面角度,公共事业管理的客体包括宏观客体与微观客体。宏观客体是公共事业整体,对公共事业整体的管理属于宏观公共事业管理,宏观公共事业管理研究的是公共事业管理的一般规律;微观客体是公共事业的局部与个体(如学校、医院等),对公共事业的局部与个体的管理属于微观公共事业管理,微观公共事业管理研究的是公共事业管理的特殊规律。严格地说,公共事业管理主要是宏观公共事业管理,微观公共事业管理是在宏观公共事业管理理论指导下对公共事业管理价值的具体实现过程。无论是从管理层面还是从理论层面上讲,微观公共事业管理都已经接近企业管理了。因此,公共事业管理理论研究的重点应该是宏观公共事业管理。换言之,公共事业管理理论研究的重点应该是公共事业管理的一般规律。

2. 公共事业管理专业

随着社会经济的迅速发展,市场对于人才多样化的需求也越来越强烈,专业发展必须跟上社会需求的变化。公共事业管理专业正是根据社会发展、公共事业管理变革的需要而设置的。改革开放以来,尤其是20世纪90年代末以来,随着我国社会主义市场经济体制逐步确立并不断完善,在市场经济改革的推动下,我国社会管理的方式不断变革,政府职能也在转变,文教、体育、卫生、环保、社会保障等公共事业作为独立的社会组织以其特殊的职能正在社会生活中的各个层面日益发挥着更加重要的作用。继经济体制改革、政治体制改革之后,事业组织管理体制也面临改革。

要建立政事分开、管理自主科学、面向社会、独立的社会主义事业单位,首先离不开众多的高层次的公共事业管理人才。我国长期以来在高度计划体制下,行政管理与公共事业管理在管理范围上是混淆的,政事不分、事企不分、效率较低、财政不堪重负,许多不应由政府直接管理的公共事业由政府管了,而应该由政府财政提供的公共物品(例如农村教育、社会保障、水土流失防治工作等)又被遗漏在公共管理范围之外。政府机构改革,就是要通过缩小政府规模,扩大社会公共事业管理范围,达到转变政府职能、提高政府效率的目标。

与公共事业管理改革发展的强烈需求形成对比的是公共事业管理专业人才的严重缺乏。根据调查显示,目前公共事业管理人员比较多的不是来自本专业,没有相关的学习经历或资质,并且有的跨度还相当大。在这些公共组织中有许多还停留在传统的行政管理方式上,机构十分臃肿,办事效率比较低下。这种状况已严重影响和制约经济社会的发展。公共企事业单位、党政机关、社会团体以及文教、体育、卫生、环保等公共组织已经不能再把个人看作只是通过简单的选拔与培训就可以很容易填补工作的组织的一员,他们应该被看成公共组织的重要资源。在本质上,他们的能力、技能和学识已成为组织竞争能力的重要组成部分。这就需要高等教育培养更多专门的公共事业管理的高级专门人才。随着市场经济的发展和中国加入WTO,我国政治体制改革和政府机构改革的逐步深入,许多社会事务将由公共管理组织来完成,公共事业管理人才的严重缺乏已日益显现,因此,给了公共事业管理专业教育极大的发展空间。高校在公共事业管理专业学科建设中,应积极拓展市政工程、农村公共事业、社区公共事业、社会保障等公共事业管理范围,形成多方向专业的培养目标。

因此,公共事业管理专业是培养能够在各级党政机关、企事业单位、特别是各种公共组织中从事管理工作、相关研究和教育工作的高素质人才。公共事业管理专业是随着我国改革开放的不断深入和经济建设的持续发展,政府和其他公共管理部门的职能及管理手段发生深刻变化以及就业市场对公共事业管理人才的需求而发展起来的。我国高校设立的公共事业管理专业紧紧围绕着公共事业专业的定位,并以此作为自身改革与建设的宗旨,同时随着我国改革的进一步深化,随着市场经济体制的逐步建立与完善,为适应形势的需要,不断地从服务于专业人才的培养目标出发进行改革与完善。

党的十八大召开以后,随着我国市场经济体制改革的全面深化,特别是以政府职能转变为突破口的政治体制改革的推进,以及社会管理创新的展开,公共事业管理作为一个新专业,正面临着十分强烈的社会需求,并且需求量不断提升,可谓"朝阳专业",发展前景十分广阔。

二、相关专业介绍

1. **与公共事业管理相关的专业介绍**

（1）行政管理专业：行政管理是运用国家权力对社会事务的一种管理活动,它也可以泛指一切企业、事业单位的行政事务管理工作。行政管理系统是一类组织系统,是社会系统的一个重要分系统。随着社会的发展,行政管理的对象日益广泛,包括经济建设、文化教育、市政建设、社会秩序、公共卫生、环境保护、公共建设等各个方面。现代行政管理多运用系统工程思想和方法,以减少人力、物力、财力和时间的支出和浪费,提高行政管理的效能和效率。该专业主要培养具备行政管理学专业所要求的知识和素养,能在党政机关、事业单位、社会团体等公共管理领域从事管理工作的复合应用型高级专门人才。

（2）工商管理专业：工商管理专业是市场经济中最常见的一种管理专业。工商管理是研究工商企业经济管理基本理论和一般方法的学科,主要包括企业的经营战略制定和内部行为管理两个方面。工商管理专业的应用性很强,它的目标是依据管理学、经济学的基本理论,通过运用现代管理的方法和手段来进行有效的企业管理和经营决策,保证企业的生存和发展。工商企业管理专业具有很广的适用性,且是社会经济各领域有广泛需求的专业。该专业培养重点在于现代管理理论、创新的管理模式、现代信息手段应用以及全球化观点与我国企业管理实践的有机结合,以及通过向我国工商界输送具有创新精神的新生力量,推动我国企业管理水平的提高。

（3）劳动与社会保障专业：劳动与社会保障是一门综合运用经济学、社会学、政治学等学科理论与方法研究劳动就业和社会保障及其规律的一门学科。该专业旨在培养具备比较扎实的管理学与经济学专业知识,掌握现代管理技术与方法,能在政府部门、政策研究部门、大中型企事业单位从事劳动与社会保障工作的高级专门人才。

（4）土地资源管理专业：土地资源管理是综合经济学、法学、管理学、区域学等诸多学科,用来解决土地规划与利用的一门综合学科。城市里每一寸土地的开发、利用都是经济利益、社会利益等诸多利益关系协调和规范的结果。城市人口密度不断增大,城市必须合理地发挥每块土地应有的各种功能。作为城市功能的一种载体,城市里的土地资源非常有限,如何规划和利用影响巨大,也是大家密切关注的问题。所以,这个专业在各个国家都非常受重视。本专业学生主要学习土地管理方面的基本理论和基本知识,受到土地规划、测量、计算机、地籍管理的基本训练,具有土地利用与管理的基本能力。该专业主要培养具备现代管理学、经济学及资源学的基本理论,掌握土地管理方面的基础知识,具有测量、制图、计算机等基本技能,能在国土、城建、农业、房地产以及相关领域从事土地调查、土地利用规划、地籍管理及土地管理政策法规工作的高级专门人才。

（5）城市管理专业：城市管理学是20世纪50年代兴起的新兴综合性学科,它融经济学、管理学、城市规划学于一体。本专业旨在适应城市化发展需要,培养高素质人才,主要为中央和地方各级党政机关、企事业单位以及科研教学机构培养高级管理人才和高级教学科研人才。学生通过系统的学习,掌握城市建设的基本原理、技术和方法；具有土木工程技术、市政工程技术和管理的基本知识,能够绘制和运用城市的工程图纸；掌握城市综合管理的基本技术和方法；熟悉城市以及市政工程建设的建筑材料与使用方法；了解建设工程造价和建设项目评价的基本原理和方法；掌握城市归属以及城市土地利用与规划的理论与方法；熟悉构造工程施工图和系统管理的方法,能运用数学统计学的方法、电子计算机的技术与计划和控制等管理手段解决城市管理中的问题,分析研究城市发展的基础和能力。该专业是为了适应我国城市化和城市管理现代化的迫切需要而设立的,主要培养从事城市公共事务管理、公共政策分析、公共资源管理、市政项目评估、城市经营实践等领域的复合型专门人才。

2. 公共事业管理专业与相关专业的比较

公共事业管理专业与其他相关的行政管理专业、工商管理专业、劳动与社会保障专业、土地资源管理专业、城市管理专业等专业之间既有区别又有联系。这里选取最相关的行政管理专业和工商管理专业与公共事业管理专业作对比分析,以深化对公共事业管理专业的理解和认识。

首先是公共事业管理与行政管理专业的比较分析。行政管理与公共事业管理两者到底有无区别,有何区别,历来众说纷纭。一种观点认为,两者无本质区别,只是名称不同而已；另一种观点认为,公共管理学是一个更大的范畴,它主要关注第三部门（公共事业民营化经营）的管理问题,即公益企业与事业组织、非政府公共机构的管理问题,而行政管理学的研究范围一般局限在政府组织自身的管理及政府组织对社会公共事务的管理。

行政管理和公共事业管理都属于公共管理类专业,因此有很多共同点。比如两者都重视对公共事务的管理,都以政府为核心管理主体,都将管理效率视为一个重要的目标,都重视公共性价值等。因此在课程设置上,两者都涉及心理学、社会学的知识,管理学、人力资源管理、公共政策学、管理心理学等都是这两个专业同学所要学的专业必修课。此外,两者在教学中都重视案例讨论,比如分析某家公司成功的管理模式,或评议政府部门的某项公共政策等,还要求同学们深入到各级企事业单位中去参观、实习,做社会调查等,通过了解具体组织的实际管理方式来提升自己的管理技能。这些都使同学们的学习生活变得丰富多彩。

但是两者又存在重要的区别:一是管理主体不同。行政管理的主体是政府机关,而公共事业管理的主体不仅包括政府机关,还包括事业单位、非政府组织等较为广泛的公共部门。二是研究对象不同。行政管理研究的对象是国家事务、社会事务及政府内部事务,至于第三部门的管理问题,即公益企业与事业组织的管理问题、非政府公共机构的管理问题,则在行政管理学的范畴之外,而这正是公共事业管理学的研究范围。也就是说,公共事业管理侧重于社会性的公共事务,如教育、文化、卫生、体育、环境、社会保险、科学技术等,其中很多事务就属于第三部门的事务。三是研究侧重点不同。行政管理侧重于理论研究,主张研究政府管理中的基本理论及其相互之间的关系,而公共事业管理则把研究重点放在公共事业的管理上,强调针对性、可操作性和执行性。四是人才培养模式不同。行政管理培养综合性的理论和实践人才,而公共事业管理则强调培养实践性与应用型人才。五是管理手段不同。行政管理的手段较单一,通常采用行政手段、经济手段和法律手段,而公共事业管理的手段更加多样化,更加强调管理的科学性、技术性和服务性。六是理论基础不同。行政管理建立在政治与行政二分法及严格的韦伯官僚制的基础上,重视层级节制及上下级之间的领导关系,而公共事业管理建立在公共物品的理论基础上,重视公共物品的供给效率及多元化的供给方法。

公共事业管理与工商管理专业既有区别又有联系。公共事业管理的研究对象是国家、政府与社会公共组织的公共事务及其管理过程,而工商管理的研究对象是工商企业及其经营过程。两者的具体差异在于:一是管理目的不同,公共事业管理的目的是谋求社会公共利益,其目标是实现"效率"与"公平"的统一;工商管理的目的是谋求组织利润,其最终目标是实现利润最大化;二是管理性质不同,传统的公共事业管理具有垄断性,工商管理则具有竞争性,工商管理更关注于提高效率,集中解决资源的有效配置;三是管理手段不同,传统公共事业管理以行政手段和法律手段为主,辅之以经济手段;工商管理以经济手段为主,辅之以法律手段和行政手段。我们既要把握两者的联结点,又要着力找出两者的差异处,以求对公共事业管理有全面的认识。

第二节 公共事业管理专业的产生与国内外发展

一、公共事业管理专业的创立

公共事业管理作为一种专业教育,最早产生于18世纪的德国,但是,作为一种专业学位的公共管理教育,被明确提出来并付诸实施,则是在美国。1887年伍德罗·威尔逊发表了《行政学之研究》的论文,被认为是美国公共管理教育开始的标志。然而,直到1911年,纽约市政研究局创办"公共服务培训学校",美国公共管理教育才正式启动。1924年,"公共服务培训学校"迁到了锡拉丘兹大学,并与新成立的"马克斯维尔公民与公共事务学院"合并,同时启动了美国第一个MPA计划,面向公共管理领域创办了综合性的教育与培训课程。可以这么说,公共事业管理源于公共行政学,发端于19世纪末至20世纪初,形成于20世纪20年代,并持续到60年代。公共事业管理专业已经发展成为一个成熟的专业,并且随着社会分工的逐步细化,该专业在西方发达国家已呈细化的趋势。现代意义上的公共行政与公共事业管理的研究和教育至今仍方兴未艾。

二、专业的国外发展情况

1. 战后发展情况

二战后,尤其是20世纪70年代以来,随着社会、经济的不断进步和科学技术的迅速发展,各种社会问题日益增多,情况愈加复杂,社会公共事务的管理面临着前所未有的挑战,对公共事业管理工作的科学化、专业化要求日益增加。20世纪60年代以后在欧美发达国家兴起了一个重要的学科领域——与传统的公共行政学相区别的公共事业管理学。在20世纪70年代开始的西方政府改革浪潮的推动下,一门以研究政府和其他公共部门的管理问题为核心,综合运用当代经济学、管理学、政策分析学、政治学、社会学等学科的相关知识和研究方法的新兴学科——新公共事业管理学便诞生了。

2. 发展现状

在西方国家高校的学科专业设置中,并无"公共事业管理"这一专业名称,他们对该类人才的培养,一般是通过公共管理类专业或其他相关专业来实现的。最根本的一条,就是立足于自身的经济、政治、文化、历史等背景来考虑。总之,公共管理类专业在西方国家应用范围相当广泛,受到了社会的高度重视,发展前景极其广阔。公共事业管理作为公共管理下的一个分支学科也获得了新的发展契机,学习公共事业管理专业已成为很多国家培养高层次、应用型公共管理人才的主要途径之一。在美国,公共管理教育的培养目标通常是培养从事公共事务管理和公共政策研究与分析等方面的高级应用型人才,为政府机关和非营利组织培养具有现代公共管理理论和公共政策素养,掌握先进分析方法及技术,精通某一具体政策领域的专业化管理者、领导者和政策分析人才以及中高级职员。这种培养目标决定了在培养过程中,注重实际能力与素质的培养,教学内容面向社会,尤其是公共领域中所面临的实际问题。

三、专业的国内发展情况

1. 我国公共事业管理专业的兴起

公共事业管理专业教育在国外已相当普及，也有很长的发展历史，它对培养社会中高级管理人员起了很大的作用，但在我国，这却是个新兴学科。在新中国成立后，公共事业管理专业被人们称为一门被遗忘的学科而长期排斥在教育学科之外。这是由于当时的具体背景条件决定的：在当时，我国百废待兴，各项事业的建设刚刚展开，经济、文化、教育等事业由于经过长期战乱而远远落后，由于科技水平的落后，专业人才的匮乏，加上受前苏联的影响较大，因此认识不到公共事业管理人才的重要性。我国并没有专门设置管理学大门类，更没有独立的公共管理学科，各种具体的公共管理学科都下辖在其他学科门类（如政治学、教育学、医学和经济学等）之中。

改革开放后，随着经济建设的顺利进行，人们生活水平也得到提高，经济交往日益频繁，人们对文教、卫生、体育、环保、社会保险等公共事业机构的建立和完善呼声日涨，各项公共事业机构随之建立起来。而此时国外公共事业机构管理经验、管理方法也进入我国，这就迫切需要专业人才来加以掌握，以便更加科学、有效地管理公共事业机构，使这些机构处于良好的运作状态之中，于是我国的公共事业管理专业应运而生，并加以了细化分类。公共事业管理专业每年向全国各地招收大量的学生，并向社会源源不断地输送具备现代管理理论、技术与方法等方面的知识并有运用这些知识的能力，在文教、卫生、环保、社会保险等公共事业单位行政管理部门从事管理工作的高级专门人才。

20 世纪 80 年代开始，为适应公共管理改革与发展和培养人才的需要，我国公共行政和公共管理研究和教育，开始了恢复与重建。经过 20 多年的发展，特别是公共管理以及学科的设置和我国公共管理硕士（MPA）专业学位研究生教育的启动，以及高校公共管理本科专业的大量开设，公共管理已经成为社会科学和管理科学领域教学与研究的一个充满生机活力的学科。

2. 公共事业管理专业的发展

根据社会改革现实，并借鉴西方国家对公共事务管理的先进经验，我国1997年对学科目录进行调整,公共管理学正式成为管理学门类下的一级学科,包含行政管理、社会医学与卫生事业管理、教育经济与管理、社会保障、土地资源管理等5个二级学科。为适应政府对于新型公共事业管理体制改革的需要和社会需求,实现政府的社会管理体制从"大政府,小社会"向"小政府,大社会"的转变,1998年教育部在新的普通高等学校专业目录中正式设立了公共事业管理本科专业。教育部在又在1999年5月正式批准开展MPA学位教育。这些都为公共事业管理专业的起飞做出了政策上的宏观指引。

从公共事业管理专业发展的学科基础来看,公共事业管理专业作为我国特有的学科,其学科背景主要是公共管理学,其专业基础是高校已经开设了的行政管理、教育管理、文化艺术管理、卫生事业管理、体育管理等专业。这些学科和专业在我国的高等教育中已经发展得相对完善和成熟,这为在此基础上发展起来的公共事业管理专业奠定了扎实的学科基础。因此该专业比起之前相对成熟的公共管理学等专业虽处于初创阶段,但由于它适应了现实的需要、具有突出的应用性而得到了迅速发展。自1999年秋季,东北大学、云南大学两所高校在全国率先招生,到2000年全国招收该专业本科生的学校已有57所。

2001年4月,教育部公共管理类学科教学指导委员会成立,并于2001年12月在广州召开了第一届会议,对学科发展方向和课程设置作了充分讨论。公共管理类本科专业在课程设置上,基本上有4个方向:行政管理、公共事业管理,劳动与社会保障,土地资源管理。公共事业管理专业作为我国新兴的、紧缺而急需的专业地位更加得到肯定。

国家教育部对公共事业管理专业人才培养目标定位也日益明确,即公共事业管理专业应培养"厚基础、宽口径"人才,也就是要培养具备现代公共事业管理理论、技术与方法等方面的知识,并有运用这些知识的能力,能在文化、教育、体育、卫生、环保、社会保障等各个公共事业单位从事管理工作的复合型、应用型人才。具体而言,本专业学生应掌握现代管理科学方面的基本理论和基本知识,受到一般管理方法、管理人员基本素质和基本能力的培养和训练，具备现代管理理论、技术与方法，能从事公共事业单位的管理工作，具有规划、协调、组织和决策方面的基本能力，以适应我国事业机构改革的要求，适应21世纪公共事业发展的需要。

政策上的指引，强劲的社会需求加上之前就具备的高校学科和专业基础背景，公共事业管理专业迎来了大发展时期。2001年达132所高校开设该专业，2002年达180多所，2003年达220多所，2005年达300多所，2007年已有322所。开设本专业的院校涉及师范类、医药卫生类、农林类、艺术类、财政类、综合类等各类院校。

从我国高校公共事业管理专业建立的路径来看，无外乎两种：第一，是全新建立的，主要是依据原有相关的专业和师资力量建立，如依据行政管理专业等，从学校类型来看主要是综合类大学。第二，是在原来的基础上改建的，主要由原来的教育管理、卫生管理、艺术管理等专业更名而成，从学校类型来看，则主要是师范院校、财经院校、医学院校等专业高校。

3. 公共事业管理专业的发展趋势

近几年来，我国市场经济体制逐步建立，经济与政治体制改革正加紧进行，各行业都要求具备专门知识、受过良好专业训练并适应社会进步和时代发展的专业人才来进行管理，国内外竞争更加激烈，这就要求我们的专门管理人才要具备国际社会同类人才的知识水平，以便在各种竞争中立于不败之地。因此要求在教育层次上首先与世界同步，这对于我国仍是新兴学科的公共事业管理专业来说是个巨大的挑战。

但是挑战也意味着机遇。尽管从目前来看，由于社会环境的制约，我国公共事业管理专业的发展相对滞后而且不规范，但是巨大的社会需求为公共事业管理专业的发展注入了巨大的社会动力。随着社会主义市场经济体系的日臻完善、政府职能的变化和角色的转换，过去完全由政府统管的教育、科技、文化、卫生、基础设施、社会保障、资源与环境保护等涉及全社会公共利益的事务，需要从市场经济的角度重新认识和定位；随着政企、政事、政社（会）的分开，以及社会中介组织的大量涌现，使公共事业管理成为一个新兴的有较大发展空间的部门，从而拓宽了公共事业管理专业的服务领域。

另外,随着本专业的发展和所培养的专业人才的大量增加,反过来又会进一步推动政府管理体制改革和社会的转型,促进我国公共事业管理制度的变革与创新,形成一个有利于高校公共事业管理专业发展的良性循环的环境。因此,我们可以乐观地说,我国高校公共事业管理专业的发展,将会呈现出一派欣欣向荣的景象。

第三节 医药院校公共事业管理专业的状况与特色

一、医药院校公共事业管理专业的状况

医药院校公共事业管理专业从目前的情况看主要侧重于医药卫生方向和公共事业管理的结合。根据教育部统一部署,原来医学院校中的卫生事业管理专业划归到公共事业管理专业,卫生事业管理作为专业方向,而不再作为独立的本科专业。目前很多医药类院校设置公共事业管理专业大都结合自身的资源优势,在专业下设置不同的方向,如卫生事业管理、医院管理、医疗保险、信息管理、药事管理等。

以南京中医药大学经贸管理学院公共管理系的公共事业管理专业为例,该校的公共事业管理专业目前设有三个专业方向:卫生事业管理、医疗保险、卫生管理与沟通(合作办学项目)。培养目标分别是:

卫生事业管理专业方向旨在培养系统掌握公共事业管理专业基础理论、基本知识以及现代公共管理各项技能的,具备规划、协调、组织和决策职业素养的,具有运用公共事业管理基本理论和方法解决问题能力的,能在医疗卫生机构、卫生行政部门等公共事业单位、公共服务性企业等领域从事管理工作的高素质应用型人才。

医疗保险专业方向旨在培养系统掌握公共事业管理专业基础理论、基

本知识以及现代公共管理各项技能的,具备规划、协调、组织和决策职业素养,具有运用公共事业管理基本理论和方法解决问题能力的,能在医疗保险部门、医疗卫生机构以及健康保险公司等单位从事管理工作的高素质应用型人才。

卫生管理与沟通(合作办学项目)专业方向旨在培养系统掌握公共事业管理专业基础理论、基本知识、基本技能,具有综合运用知识的能力,具备宽广国际视野、较强的创新意识和跨文化沟通能力,专业基础扎实,知识面宽,综合素质高,能在公共事业单位、公共服务性企业等领域,尤其可以在医疗卫生机构、卫生行政部门等单位从事管理工作的高素质应用型人才。

二、医药院校公共事业管理专业的特色

为了适应医药卫生管理领域的人才需求,同时应对行政管理专业、企业管理专业、经济管理专业等的竞争,医学类院校积极发挥自身医药卫生学科的行业优势,在公共事业管理专业的人才培养方案和课程设置中,除了注重现代管理学、经济学、法学等方面知识及其运用能力的培养外,也非常注重医药学方面知识及运用能力的培养,着重培养能在公共事业单位尤其是医药卫生领域的企事业单位(医院、卫生行政部门、社区卫生服务中心)从事管理工作的应用型、复合型的专门人才。

以南京中医药大学公共事业管理专业为例,该校的此专业是国内较早以培养卫生管理专业人才为目标的专业,专业特色鲜明。

(1)办学理念先进,办学思路清晰。在人才培养方面树立了培养复合型、实用性、具有创新精神的高素质人才的理念,培养在医药卫生领域从事管理工作的、复合型、实用性、具有创新精神的高素质人才,经过科学论证和修订,制定了既符合社会发展又具有鲜明特色的人才培养方案。

(2)人才培养模式有创新,人才培养质量高。合作办学是培养人才的有效途径之一,学校充分利用优质的社会教育资源,开展合作办学,进行"订单式"人才培养模式。合作办学目标明确——培养适合用人单位的人才;培养路径清晰——制定系统的、规范的、科学的培养方案;培养效果有评价——培养的学生经过考核选拔后进入用人单位。学校经贸管理学院和先声药业就合作办学的思路和具体操作进行多次研讨,确定成立"先声商学院",经过科学论证,制定了规范的先声班培养方案。培养的学生具备专业基础理论和熟练的行业实践技能。

(3)教学活动不断创新,适应人才培养需要。更新教学理念,课程体系设计有独创性。各专业方向分别设立几大课程模块,如医药类课程模块、经管基础类课程模块、公管管理课程模块以及各专业方向课程模块。各专业方向设置选修课程组,通过不同的课程组体现不同的研究方向。教学方法倡导"问题导向式"、"互动式"教学。强化实践环节,提高学生运用能力和综合素质。

(4)教学管理模式有创新。从教学文件准备、课堂教学、教学质量控制等每个教学环节都有相关规章制度,建立了相对独立的由专业负责人、教研室骨干教师和学生代表参与的专业教学质量督导队伍。由卫生事业管理专家及医院、企业高级管理人员组成的专业建设委员会,参与该专业的培养方向、课程设置、教学内容和实训项目开发等。

(5)学科专业建设有鲜明的医药卫生特色。该专业的人才培养有鲜明的医药卫生特色,依托医学院校的背景,形成"卫生事业管理"、"医疗保险"和"卫生管理与沟通"三个专业方向。在保持传统优势科研的同时,确立重点研究方向,形成自身科研特色和优势。

第二章 公共事业管理专业人才培养目标和要求

本章从公共事业管理人才的市场需求分析,提炼出公共事业管理专业的总体培养目标和专业培养目标,根据培养目标提出公共事业管理专业的人才素质要求,在此基础上总结了医药院校公共事业管理专业人才培养目标的特殊性及人才素质要求的实现途径。

第一节 公共事业管理专业的培养目标

一、公共事业管理人才的需求分析

近些年来,随着中国社会经济的飞速发展以及人民生活水平的提高,民众对生活质量的要求也越来越高。再加上城市化进程的加快,导致了社会问题与公共需求长期存在和不断增长。由于公共事业机构直接涉及人们的日常生活和经济活动而受到高度重视。社会要求公共事业管理人员具有专门的知识,受过专门的训练。因此,伴随着经济体制改革、政府管理体制改革、事业管理体制改革以及社会对公共服务需求的日益扩大,各行业都要求具备专门知识,受过良好专业训练并适应社会进步和时代发展的专业人才来进行管理。人们对文教、卫生、体育、环保、社会保险等公共事业机构的建立和完善呼声日涨,各项公共事业机构随之建立起来,而此时国外公共事业机构管理经验、管理方法也进入我国,这就迫切需要专业人才来加以掌握,以便更加科学、有效地管理公共事业机构,使这些机构处于良好的运作状态之中。同时,国内外竞争更加激烈,这就要求专门管理人才要具备国际社会同类人才的知识水平,以便在各种竞争中立于不败之地。因此,要求在教育层次上首先与世界同步,我国的公共事业管理专业应运而生,并加以了细化分类。作为新兴学科的公共事业管理专业仍然面临着巨大挑战。但总的来说,公共事业管理专业具有较强的生命力,而社会的需求必然给它以强大的动力,促进它进一步走向成熟和完善,并为我国现代化建设事业提供杰出的高级管理人才。

1. 公共事业管理专业是社会管理机制改革与发展的需要

在计划经济管理体制下,非经济、政治的社会公共事务由事业单位来承担,并以政府事业体制进行管理。改革开放以来,随着社会主义市场经济体制的逐步建立和完善,要求按照政事分开的原则对政府管理体制和事业单位管理体制进行改革,需要把政府有关职能归还给社会,建立新型的公管事业管理体制,实现政府的社会管理体制从"大政府、小社会"向"小政府、大社会"的转变,形成行政、工商和公共事业三位一体的社会运行模式。

2. 公共事业管理专业是公共事业的兴起和发展的需要

改革开放使我国社会、经济发生了深刻的变化,很多过去由政府包下来的公管事业管理职能逐步向非政府的公管事业管理或服务部门转移。因此,为保证改革的整体推进,推动公共事业的健康发展,就需要加强对公共事业组织的运行机制、管理机制、管理方法和发展政策的研究。同时,随着公共事业领域的扩大和职能的丰富，对有关管理人员的素质和数量也提出了更高的要求，现有的从事相关领域的管理人员，在知识结构、素质和能力方面已远远不能满足公共事业发展对人才的需求。

3. 公共事业管理专业是人才需求多样化的需要

我国公共事业分散在具体的领域，如市政、城市供水、环境保护、中介服务、社区管理、社会保障以及科技、教育、文化、卫生、体育等面对社会公众的服务部门，尽管不同的领域有其特殊性，但其共性是前提，即实现目标、运转机制、管理模式和方法是一致的。整个公共事业管理的诸多方法，必须首先统一在公共事业管理的基本理论平台上，并以不同部门的特殊性去建设不同的专业方向，以满足人才需要多样化的需求。

所以，高校公共事业管理专业的设置，是改革开放和社会主义市场经济体制建立与完善的结果，其目的是为公共事业管理领域培养专门的管理人才。

二、总体培养目标

公共事业管理本科教学的培养目标是培养能熟练掌握管理知识和能力的实用型高级管理人才。国家教育部对公共事业管理专业人才提出的具体目标是：培养具有现代管理理论、技术与方法等方面的知识以及应用这些知识的能力，能在文教、科技、体育、卫生、环保、社会保险等公共事业单位从事管理工作，具有规划、管理、组织和决策方面的基本能力。

通过四年的学习，公共事业管理专业的学生应具备的基本知识和能力包括：① 掌握管理学、经济学、社会科学等现代科学的基本理论和基本知识；② 具有适应办公自动化、应用管理信息系统所必需的定量分析和运用计算机的技能；③ 具有进行质量管理、数据的分析和处理，进行统计分析的基本知识和能力；④ 熟悉我国有关的法律法规、方针政策以及制度；⑤ 具有较强的社会调查和写作能力；⑥ 掌握文献检索、资料查询的基本方法，具有初步的科学研究和实际工作能力；⑦ 具有较强的思维创新能力和自我学习能力和人际协调、沟通能力。

三、专业培养目标

本专业旨在培养具有现代化管理理论、公共经济理论、技术与方法等方面的知识及其运用能力、现代社会需要的高素质专门人才。要求学生接受管理学、公共行政学的系统训练,成为兼具政治学、经济学、法学等方面知识,具备较高的管理、经营、策划、调研、交际等能力,具有运用公共事业管理基本理论和方法解决问题的能力,能够从事管理工作的高素质应用型人才。

第二节 公共事业管理专业的人才素质要求

公共事业管理专业的人才应具有以下特征:① 具有公共服务的意识。社会的发展、公众的整体利益的实现、协调个体利益与社会整体利益的关系,创造良好的社会环境是公共事业管理组织的宗旨。这要求从事公共事业工作的管理者要具有为公共事业服务的意识,将服务公众与社会作为公共事业管理工作的核心。② 具有社会化的管理责任。市场经济条件下,个体行为与公众整体利益之间存在着目标的一致性与实现方式的矛盾与冲突,个人利益在实现的过程中,主观上追求自身利益的"最大化",客观上又从社会及公众利益整体上为其提供保证、支持与协调,对有损于社会及公众利益整体的行为予以约束和限制,这就要求公共事业管理工作既要立足于整个社会以推动社会的进步与发展,又要从整体的角度保证个体的正当利益的实现。③ 具备综合的知识结构和全面的管理能力。公共事业管理专业具有明显的跨学科特征,涉及多门社会科学和自然科学的学科,如经济学、教育学、法学、管理学、统计学等。而且公共事业管理面对的问题涉及社会发展、公众利益、个人利益三个不同的层次,涵盖广泛的领域,服务对象涉及各个领域、各个行业、各个部门及各类公众,其操作具有复杂性,这就要求公共事业管理人才具有全面的综合素质,思维敏捷,善于观察事物的本质特征,能够把握大局,具有开拓创新能力和全面管理才能。

一、素质结构要求

1. 具有坚定的政治方向,热爱社会主义祖国,拥护中国共产党的领导,具有较强的政治素质。

2. 具有科学的世界观、正确的人生观和价值观,富有强烈的社会责任感,具有健康的身体素质、心理素质和健全的人格。

3. 具有遵纪守法、爱岗敬业、团队协作、乐于奉献和勇于创新的职业素质。

二、知识结构要求

1. 了解国内外社会经济发展大局,熟悉党和国家的大政方针,了解我国政府、社会组织、企业组织工作的实际情况、基本政策和法规。

2. 具备广博的学科知识,了解公共事业管理学科的前沿信息和发展动态;接受全面、系统的专业训练和考核,学习和掌握现代化的管理知识和方法。

3. 具有扎实的基础知识,掌握高等数学、计算机应用、英语等的基础理论知识。

4. 具有扎实的公共事业管理专业基础知识,掌握管理学、公共管理学、公共经济学、公共事业管理学、公共政策学、公共组织财务管理、公共部门人力资源开发与管理、组织行为学的基本理论和应用。

三、能力结构要求

1. 具有相应的外语水平、计算机应用技术;具有文献检索、资料查询的基本技能,有初步的科学研究和实际工作能力。

2. 具有进行数据收集、处理和基本统计分析的能力。

3. 具有较强的文字表达、信息处理、人际沟通等实际工作能力。

4. 具有运用公共事业管理的基本分析方法和技术研究，解决实际管理问题的能力。

5. 具备现代化的管理工作能力，包括：项目规划与管理能力，公共经济政策分析能力，以电子化、自动化手段处理管理事务的能力，社会调查、市场调查及其定性、定量方法处理分析的能力，较强的策划、组织、执行能力，较强的文字和口头表达能力，计算机操作能力，熟练的外语能力等。

6. 具有进一步自主获取知识的能力。

第三节 相近专业的人才培养目标及人才素质要求

一、工商管理

1. 人才培养目标

工商管理专业旨在培养学生适应社会主义市场经济需要，德智体全面发展，具备管理、经济、法律及企业管理方面的知识和能力，掌握良好的专业技能、外语基础，具有与人们进行沟通与协作的能力；培养学生具有较高人文素质和科学素质；培养学生良好的学习能力、应变能力、适应能力、创新能力和专业工作能力；培养学生成为在企、事业单位及政府部门等从事生产管理、人力资源管理、市场分析以及教学、科研方面工作的工商管理专业高级专门人才。

2. 人才素质要求

（1）掌握管理学、经济学的基本原理和现代企业管理的基本理论、基本知识；了解本学科的理论前沿和发展动态。

（2）掌握企业管理的定性、定量分析方法；具备从事工商管理业务的基本能力。

（3）具有较强的语言与文字表达、人际沟通以及分析和解决企业管理工作和问题的基本能力。

（4）熟悉我国企业管理的有关方针、政策和法规以及国际企业管理的惯例与规则。

（5）掌握文献检索、资料查询、收集的基本方法，具备较强的市场调研、获取管理及其他相关学科的知识信息能力和解决本领域实际工作问题的能力。

（6）具有利用计算机网络获取企业信息及处理企业内相关业务的能力。

二、行政管理

1. 人才培养目标

行政管理专业以各级党政机关、社会组织和企事业单位的行政管理事务为研究对象，培养适应现代社会需要的高素质行政管理专门人才。要求学生接受行政管理的系统训练，兼具管理学、政治学、经济学、法学等方面知识，具备较高的管理、经营、策划、调研、交际等能力，毕业后适合到各级党政机关、社会组织、企事业单位从事行政管理、政策研究、管理规划、外事交流、宣传策划、机关管理、人事管理、高级文秘等工作。

2. 人才素质要求

（1）了解国内外社会经济发展大局，熟悉党和国家的大政方针，了解我国行政管理工作的基本政策、法规和实际情况。注重培养正确的世界观、人生观和专业思想。

（2）具备较广博的学科知识，了解本专业学科的前沿信息和发展动态；接受全面、系统的专业训练和考核，学习和掌握现代化的管理知识和方法；树立效率、创新、服务、竞争、民主、法治等现代行政理念。

（3）具备现代化的行政管理工作能力，包括：能够以电子化、自动化手段处理行政事务的能力；社会调查研究能力；分析、解决实际政策问题能力；组织、策划和执行能力；文字和口头表达能力；计算机操作能力；熟练掌握一门外语，能从事专业的听、说、读、译能力等。

（4）具备从事党政机关、企事业单位行政管理的基本能力。掌握在党政机关、企事业单位管理的一般方法和技能。

（5）掌握文献检索、资料查询的基本方法，具有初步的科学研究能力，并应具有策划、组织、执行的实际工作能力。

第四节 医药院校公共事业管理专业人才培养目标及人才素质要求的实现途径

一、医药院校公共事业管理专业人才培养目标与要求

1. 医药类院校公共事业管理专业培养总体态势

随着我国医药卫生体制改革向纵深发展，医药卫生行业迫切需要一批既懂专业、又会经营管理的高层次复合型人才，我国卫生事业的发展，需要一支既了解现代科学技术、掌握科学管理理论与技能，又通晓医药基本知识的职业化管理队伍。医药院校公共事业管理专业正是在这种宏观经济环境、教育思想观念大转变、市场需求、卫生改革等态势下应运而生的。医药院校公共事业管理专业比综合性院校公共事业管理专业开办晚，但发展较快。为了适应市场需求，一些院校已先后成立了管理学院或管理系，并已分化出卫生管理、医院管理、医药国际贸易、医疗保险、医药法学等多个专业方向。

医药院校公共事业管理专业人才培养方面多数能注重突出医药类特色，将自己的优势有效地融合到该专业建设上来。但各院校在专业方向名称、培养目标、课程设置、教材选择等方面尚处于摸索阶段，也存在一些问题，这在一定程度上影响了职业化卫生管理队伍的建设，不利于我国卫生管理现代化的建设。

随着新经济时代的到来，以及社会政治、文化的发展，有关高等教育的

教育思想和教育观念正发生着深刻的变化。符合时代发展要求的现代教育思想和教育观念是面向21世纪,增强人才培养的质量意识,加强素质教育、创造性教育、个性化教育,培养学生终身的学习能力等。但是,由于医药类院校开设公共事业管理专业时间较晚,其在专业人才培养目标方面并未能完全、充分地体现出新时代的要求。医药类院校公共事业管理专业培养目标总体呈现如下发展态势：

（1）少数学校基本照搬综合性院校公共事业管理专业培养目标与要求：为了教育部门的教学评估能够顺利通过,少数学校基本照搬综合性院校公共事业管理专业培养目标与要求,未能体现出自身作为医药类院校的特色和优势,在市场竞争和办学过程中逐渐偏离方向,未能将医药类院校的优质资源充分利用,逐渐丧失了核心竞争力。

（2）部分高校在公共事业管理专业中融合了医药类特色：部分高校在吸取了综合性高校公共事业管理专业培养方面的成功经验的基础上,走出一条适合医药类院校特色的公共事业管理专业人才培养之路,除了一般公共事业管理的核心课程外,在培养目标和要求上体现出了对于医药类知识的要求,在专业知识结构上要求掌握卫生事业管理学、卫生经济学、卫生统计学、医院管理学、社会医学、卫生法学等交叉学科的基本理论和应用；在能力培养上突出对从事医药卫生企、事业单位实际管理工作的能力的要求。

（3）一部分高校存在"以专业方向代替专业"的现象：部分高校一味迎合用人单位的要求,弱化公共事业管理专业的一般性要求,完全按照专业方向的要求培养学生,一定程度上取得了用人单位的要求,但隐含着学生所学知识面过窄,只能到特定的机构工作,不利于学生知识能力的全面发展。

2. 医药类院校公共事业管理专业人才培养要求

针对我国公共事业管理专业人才培养的现状,特别是医药类院校公共事业管理专业发展中存在的问题,各院校在当前和未来的专业人才培养和教学模式上,应注意以下几点培养要求：

（1）注重公共事业管理人才培养的专业性：按照教育部的规定，公共事业管理专业毕业的学生应该至少能够在文教、体育、卫生、环保、社会保险等公共事业单位行政管理部门工作。这些部门所涉及的行业、工作岗位十分广泛，而学生在四年的大学教育培养中很难成为这么多领域的通才，因此，医药类院校有必要在该专业学生培养的过程中注重某一方面的专业化教育，以提高学生自身能力和专业水准。

（2）满足学生自身发展的要求，先体现专业后注重方向：在专业培养的过程中，按照"最近发展区"理论：教学只有着眼于学生能力的"最近发展区"才能有目的推动学生身心的积极发展，唤起学生不断追求新目标的需要、兴趣和意向。在发展、变化的思想指导下编制的教学目标，应能体现"发展水平"和"最近发展区"的能级转换、梯度渐进，不断挖掘更新"最近发展区"，从而促进学生获得更大程度的发展。学生进入公共事业管理专业这个平台之后，首先是学生认识、了解这个专业，在这基础上，学生才能够根据自己的特点深入、潜心这个专业，最后才会热爱这个专业。

（3）满足个性化创新人才培养的要求：创新的特征落实到教育环节上就是根据每一个学生的个性发展要求提供与之相适应的教育服务。公共事业管理专业对学生的培养要重视每一个学生的成长发展，处理好教学的公共性和培养个性化的矛盾，为学生成才创造条件、提供机会。公共事业管理本身是一个正在发展中的专业，充分考虑学生的需要，让学生的个性与教学相结合是公共事业发展的需要。同时，公共事业管理专业学生个性的发展也给公共事业管理专业的发展注入了新的活力。

（4）满足学生职业生涯规划的需要：现在各个高校都在强调要对学生进行职业生涯教育，医药类院校也不例外。"职业生涯"教育的特点是：注重个体的特别性；强调教育过程的终身性；要求学校、家庭、社会教育的整体性；面向教育个体的全面性，避免歧视；突破传统，注重培养实际性的职业能力；注重促进学生的发展和特殊才能的充分发挥。职业生涯教育理论的前提条件就是针对受教育个体的特殊性，这与我国传统倡导的"因材施教"的观点是不谋而合的。

（5）满足用人单位选择的需要：面对"千人一面"、"广谱抗菌"的培养模式，用人单位早已经提出了异议，同时，这样一种培养模式也给用人单位招聘选择时带来了很大的选择成本。突破这样的培养模式，让大学重现自由发展的时代是教育工作者的义务和责任，尤其是医药类院校公共事业管理这样多学科交叉融合的专业，本身就给学生的个性发展留下了广阔的空间，因此教育者更加应该采取多种形式让学生多层次、多元化地凸现个性，也给用人单位提供更加丰富的选择。

二、医药院校专业人才培养模式与途径

1. 医药院校专业人才培养模式

公共事业管理专业迄今未能对其专业建设的一些基本问题达成共识，教育部公共管理教学指导委员会多次召开相关高校专家学者讨论，但一直未能建立较为规范的专业课程体系，这给人才培养方案的制订带来一定困难。因此，对于医药院校来讲，为了平衡大专业和小专业方向的要求时，在人才培养教学模式上更有必要确定该专业的核心课程，以利于医药院校根据自身资源优势，培养出具有自身特色和优势的公共事业管理专业人才。

（1）确定多元化的人才培养目标：公共管理人才的社会需求与我国公共管理部门改革进程密切相关，各医药类院校应针对各种公共管理部门人才需求的实际要求，加强学生专业能力训练和公共服务能力培养。同时要增强学生对管理类相关专业课程的选修自由度，提供更丰富的专业实践机会，以适应更广泛的就业需求。医药类院校应在充分进行人才需求调研的基础上，根据自身的教育资源优势，确立灵活的培养目标。

（2）建立合理的人才培养方案和完整的教学保障体系：在人才培养方案中，课程建设是基础。医药类高校应努力在课程模块设计、主干课程规范、校本课程开发及课程建设等方面打造特色。在教学保障体系中，公共事业管理专业当前最困难的是师资队伍和实践教学基地建设，尤其需要具有在公共部门特别是医药类事业单位工作经验的教师充实到该岗位，以实际经验指导学生理论学习。在教学实践基地建设方面，既要重视校内教学实

验室基础设施的建设,又要重视与医药相关事业单位、政府机关或大中型医药企业管理部门合作,建立校外合作教学实习基地。

(3)重视实践教学环节的培养:在实践教学环节上,应充分把握机会,总结教学经验,避免学生的实践目标不明确,学生参与积极性不高,产生抵触接触社会的心理。进一步对学生进行实践教学重要性教育与引导,使之高度重视,树立实践思想意识,积极充分利用假期时间参加社会实践活动,增强动手能力的培养与训练。强调课程实习是专业实习的前提和基础,建立制订实习计划与实习大纲、实习指导书—制定实习模块、计划构架—具体分工—制定实习方案—整理实习材料—成绩评定等一套完整的工作流程,责任明确,任务清晰,组织管理到位。

2. 医药类公共事业管理人才的培养途径

为达到公共事业管理专业的人才培养目标,体现高等教育"知识传授、能力培养、素质提高三者协调发展"的教育理念,公共事业管理专业强调以下三条人才培养的宏观途径:

(1)夯实基础教育,培养创新精神:公共事业管理专业是一个新兴专业,必须建立在厚实的成熟学科基础之上,在成熟学科中去吸收使自己成长壮大的养分。本专业按照教育部对公共管理学科各专业的课程设置要求,结合各医药类院校医药类相关学科优势,设计出高质量、有特色的课程体系,让学生掌握扎实的基础知识。

(2)强化实践环节,培养动手能力:公共事业管理学科主要是应用科学,在培养本专业学生时,要加大实践性教学环节的力度,让学生在真情实景中去学活知识,缩短理论知识与实际操作的距离,在实践中培养动手能力。

(3)理论联系实际,提高综合素质:系统的理论学习与表面的动手能力,只有在综合性的理论联系实际的活动(如毕业实习、毕业论文)中,才能内化为较为稳定的内在素质,它包括思想政治素质、文化道德素质、业务专业素质、心理身体素质等。只有具备这些方面的优良素质,才能适应变化的社会生活以成为有用之才。

我国公共事业管理专业人才培养方法及教学模式的改进尚需在不断总结实际经验的基础上逐步完善并成熟。中国的卫生改革与发展正以前所未有的速度前进,随着社会主义市场经济体系的逐步完善,政府职能将进一步转变,更需要建立一个高效、协调、规范的公共事业管理体系。这对公共事业管理人才的培养提出了迫切要求和挑战。21世纪的全新的教育体制正在形成,尽管公共事业管理这一新的学科在医药类院校建设中还有许多问题需要我们去探索、去解决,但是公共事业管理专业的前景无疑是广阔的,必将在管理学科的发展中发挥其应有的作用。

第三章

公共事业管理专业的学科基础

公共事业管理专业的学科基础包括三个要素：学科的理论基础、研究对象及研究方法。理论基础主要有公共需求理论、公共产品理论、公共选择理论、公共事务治理理论。研究对象包括管理主体、管理客体、管理目的、管理职能和方法以及管理环境。研究方法主要包括历史研究法、案例分析法、比较研究法、实践抽象法和试验分析法。

第一节 公共事业管理专业学科的理论基础

专业是指高等学校或中等专业学校根据社会分工、经济和社会发展需要以及学科的发展和分类状况而划分的学业门类。专业必须在一定学科知识体系的基础上构成，专业如果离开了学科知识体系便失去了存在的合理性依据。专业是学科承担人才培养职能的平台，学科是专业发展的基础。作为专业发展基础的学科具有三个基本要素：一是由特有的概念、原理、命题、规律等构成的严密的逻辑化的知识系统；二是独特的、不可替代的研究对象或研究内容；三是生产学科知识的研究方法。

任何学科发展必须有理论基础做支撑。学习公共事业管理学必需正确认识该学科的基本规范和问题，能够使用学科的理论来描述和解释以及预测公共事业管理活动和现象。随着公共事业管理相关理论的发展与完善，公共事业管理领域不断拓展，管理的手段也不断多样化。

作为公共事业管理学科发展的研究框架或理论范式，必需能够描述、解释和预测公共事业管理的产生、变革与发展。一般而言，公共事业管理学科的基础理论主要有公共需求理论、公共产品理论、公共选择理论、公共事务治理理论。

一、公共需求理论

需求是社会发展的原初动力。从需求出发可以描述和解释各种社会现象的原因。人的需求多种多样，按照不同的标准，可以划分为不同的需求类别。从需求主体出发，需求可以分为私人需求和公共需求。个人需求和公共需求相互联系、相互影响，但不可相互替代。个人需要是人类进行经济活动和社会活动的原初动力，公共需要则是人类进行正常经济活动和社会活动必不可少的条件，也是个人需要得以满足的重要条件。公共需要是独立于私人需要的社会整体需要，是以社会共同体的利益为基本表现形式的普遍需要。

公共需要是公共事业不断增长和发展的原初动力。从某种意义上说，社会公共事业是社会公共需要不断增长的产物，是为了解决一定公共问题以满足相应的公共需要而提供公共产品和服务的活动过程。公共需要不同于私人需要，它虽是全体社会成员在长期生产、生活中产生的共同的个人需要，但不是私人需要的简单相加，而是超越私人需求的，为维护社会政治、经济、文化、生活秩序的正常运行发展的共同需求。因此，公共需求的满足形式也不同于私人需求的满足形式，无法完全依靠市场机制来解决，而是要依靠政府等公共组织以提供公共产品和服务的形式来解决。

公共需求是一定社会中全体成员共同生存和发展所需要的利益和条件,是随着历史的发展而发展的。不同时代的公共需求是不同的,即使同一历史阶段不同的国家或地区的公共需求的内涵也会有所不同。一般而言,现代社会的公共需要主要包括以下六个方面[①]:第一,维护社会公共秩序与安全秩序的公共需要,如国防、公安、外交等;第二,维护经济秩序和市场交易秩序的公共需要,如市场监管、知识产权保护、公正司法等;第三,为全体社会成员提供公共设施与公共管理的公共需要,如公众医疗保健、义务教育、公共交通、公共图书馆等;第四,建立社会保障与救济体系,扶助社会弱势群体的公共需求,如公共组织的扶贫、社会保险等;第五,管理公共资源与公共财政的公共需求,如国有资产管理,保护环境、自然资源、人文资源等;第六,在生活水平进入发达状态后,公众对人权、自由等公民权利的公共需要。

不同的公共需要导致了不同的公共事务,不同公共需要的特点则导致了不同特征的公共事务。具体而言,公共需要的特点主要有如下几点:

第一,客观性。公共需要是社会生产发展到一定历史阶段形成的。由于社会生产力发展水平不同,所以不同社会的公共需要是不同的,但不同社会的公共需求都与其社会经济社会发展程度与水平相适应。社会经济发展水平提高了,人们的公共需要也自然提高。早在原始社会,并不存在跨氏族群体的社会公共事务,自然没有公共需要。但随着生产力的逐步发展,人类的活动领域也扩大了,逐渐产生了生产消费之外的安全、教育、文化、审美等社会活动内容,公共需求就随之产生。总之,公共需要是与特定历史阶段的生产力水平相当的,是客观存在的。

第二,变化性。公共需求随着生产力的发展而发展,不同历史阶段中的人们的公共需求是发展变化的,其种类和形式也不断发生变化,基本按照由低级到高级,由简单到复杂,由不发达到发达的趋势发展,也就是说公共需

[①] 崔运武. 公共事业管理. 上海:复旦大学出版社,2013.4

求层次和水平是随着历史的发展而日益丰富和不断提升的。

第三,多样性。公共需要的多样性是指公共需要在不同的社会历史条件下具有不同的内容与表现形式。从历史发展角度看,不同社会形态有着不同的生产方式和生活方式,有其特殊的公共问题,形成了不同的公共需求。从横向来看,人类的活动领域不断拓展,社会活动越来越趋向多元化与开放化,也就催生了许多新的不同的公共需求。

二、公共产品理论

公共产品理论,是美国学者保罗·萨缪尔森在20世纪50年代中期提出的,也是新政治经济学的一项基本理论。该理论是分析如何正确处理政府与市场关系、政府职能转变、构建公共财政收支、公共服务市场化的基础理论。公共产品理论主要通过产品概念和范畴对社会中不同属性的产品进行分析,明确公共事务的范围和边界,从而给出特定的解决公共事务问题的工具。

1. 公共产品的概念

一般而言,公共产品与私人产品是相对的。社会产品分为两大类:一类是满足私人需要或私人消费的产品,其他人不能共享,即私人产品;另一类是满足社会公众需要或消费的产品,即公共产品。最早对公共物品进行严格定义的是保罗·萨缪尔森,他在1954年11月号的《经济学与统计学评论》上发表了《公共支出的纯理论》中提出,纯粹的公共产品或劳务是指每个人消费这种物品或劳务不会导致别人对该产品或劳务消费的减少。约瑟夫·E·斯蒂格利茨在其《经济学》一书中也给公共物品下了一个定义,他认为公共物品是这样一种物品,在增加一个人对它的分享时,并不导致成本的增长,而排除任何个人对它的分享都要花费巨大成本。通俗地讲,公共产品就是相对于私人产品而言的能够满足社会公共需求和消费的具有非排他性、非竞争性以及效用不可分割性的物品或服务。那什么是公共需求呢?就是我们在公共需求理论中分析的那些内容,诸如国防、公安、外交、市场监管、知识产权保护、公正司法、公众医疗保健、义务教育、公共交通、公共图书馆、社会保险、保护环境、自然资源、人文资源、人权、自由等。公共产品以实物形态的公共物品或非实物形态的公共服务直接或间接地为企业生产和家庭生活提供产品和服务，随着社会经济的发展，公共产品呈现不断扩大的趋势。

2. 公共产品的特点

根据公共产品的概念，我们可以知道公共产品的特性主要是消费的非排他性、非竞争性。

（1）非排他性：非排他性和排他性是相对应的，排他性是指阻止一个人使用某一物品时该物品的特性。私人产品的消费具有明显的排他性，比如一个人花钱买帽子，这顶帽子就属于他一个人，他在戴帽子时别人就不能同时戴，或者他拥有这顶帽子时别人就无法同时拥有这顶帽子。与私人产品的排他性不同，公共产品就有非排他性。公共产品的非排他性，是指一个人在消费公共产品时，无法排除其他人同时消费该产品；或者说你不愿意消费公共产品你也不得不消费它，无法排斥它。较为经典的例子是灯塔，黑夜里灯塔亮了以后可以为航船指引方向，但不会因为一艘航船看见它而其他航船就无法看见，也不会因为消费一次就消费完了。同样，即使一艘航船不愿看见灯塔光亮也无法避免它。

公共物品的非排他性还有一层含义，即某些公共产品虽然在技术上可以做到排斥他人消费，但这样做的成本太高或者违背了公众的利益。比如在公路上设置路障限制其他人通行，既要有路障建设成本又要有日常管理成本，此外还使本可以通行的人无法通行，这些都会带来效率的损失。

公共产品的非排他性主要原因是它具有外部性，即收益的外溢性。外部性指一个人或一群人的行动和决策使另一个人或一群人受损或受益的情况。外部性有负外部性、正外部性之分。正外部性是某个经济行为个体的活动使他人或社会受益，而受益者无须花费代价，比如环境保护、教育等。负外部性是某个经济行为个体的活动使他人或社会受损，而造成外部不经济的人却没有为此承担成本，比如污水废弃物排放、噪音等。由于公共产品的非排他性，不像私人产品可以被分割成许多可以买卖的单位，谁付款,谁受益,于是就会出现"搭便车"的现象,即不论是否付费都可以消费,一些人便认为既然不付费也可以消费,而付费也不能获得比别人更多的利益,从而就尽可能地逃避付费。故而,需要通过税收一类强制方式进行筹措。

（2）非竞争性：私人产品具有鲜明的消费竞争性,公共产品则不具有消费上的竞争性。公共产品的这种非竞争性的基本含义有两层：

一是边际生产成本为零。这里所说的边际成本不同于微观经济学中分析的产量增加导致的边际成本,而是指增加一个消费者对供给者带来的边际成本。公共产品的边际成本为零,通常是指新增加一个消费者,公共产品供给者并不增加供给成本。比如公路两旁的路灯便是较典型的公共产品,通常增加行人经过并得到照明并不需要增加任何生产成本。一般而说,判断某一产品是否具有竞争性的重要标准是看边际生产成本是否为零。

二是边际拥挤成本为零。即在公共产品的消费中,任何消费者的消费都不影响其他消费者的消费数量和质量,即这种产品不但是共同消费的,也不存在消费中的拥挤现象,不存在消费者为获得公共服务需排除他人而付出代价,比如不拥挤的公路、桥梁、互联网等。边际拥挤成本是否为零是区分公共物品、准公共物品的重要标准。

3. 公共产品的分类

要更好地理解公共产品,还需对其进行类型学的划分。公共产品具有非排他性和非竞争性,但现实中,并非所有具有公共性的产品都同时具备非排他性和非竞争性。因此,可以据此将公共产品进行分类。

一般来说,公共产品可分为纯公共产品和准公共产品。纯公共产品是指完全具备非排他性和非竞争性特点的产品,如灯塔、国防、法律制度、教育、基础科学研究、社会科学研究、环境保护等。准公共物品是指介于纯公共物品和私人物品之间、在消费过程中具有不完全非竞争性和非排他性的产品。准公共物品往往会在消费方面具有较大程度外部性。它的特点是消费中的竞争性和消费中的排斥性。消费中的竞争性,是指一个人对某物品的消费可能会减少其他人对该物品的消费（质量和数量）,比如教育、医疗等；消费中的排斥性，即只有那些按价付款的人才能享受该物品，比如公路、公园等。研究公共产品的分类可以更好地研究不同的供给方式，更好地区分供给物品应该由谁供给以及以什么方式供给。

三、公共事务治理理论

公共事务的治理活动古已有之，自从有了公共事务，就有了公共事务治理活动。古希腊哲人亚里士多德（Aristotle）曾经断言："凡是属于最多数人的公共事务常常是最少受人照顾的事务，人们关怀着自己的所有，而忽视公共的事务；对于公共的一切，他至多只留心到其中对他个人多少有些相关的事务。"可见，亚里士多德已经开始探究公共事务治理相关问题。从历史发展看，公共事务治理大致经历了三个阶段[①]：经验式治理阶段，公共行政阶段，公共治理阶段。随着社会发展，国家权力将逐渐减弱，公共事务治理的主题逐步由统治转向个人对公共事务的关心，最终依靠社会自身力量来实现公共事务的治理。

公共事务治理理论比较有影响力的分析模型有四个：哈丁的"公地悲剧"、"囚徒困境"、奥尔森的"集体行动逻辑"、埃莉诺·奥斯特罗姆的"自主治理"理论，还有新公共管理理论。

1. 公地悲剧

1968年英国学者加勒特·哈丁教授（Garrett Hardin）在 *The Tragedy of the Commons* 一文中首先提出"公地悲剧"理论模型。该理论模型描述了理性地追求最大化利益的个体行为是如何导致公共利益受损的恶果。哈丁从"理性人"假设出发，设想古老的英国村庄的牧民作为理性人，都希望自己的收益最大化，不顾草地的承受能力而增加羊群数量。但是，一旦增加羊的数量，便出现了如下情形，一是获得了增加的羊的收入；二是加重了草地的负担。随着放牧数量的增加，放牧数量超过草地的承受能力，便出现过度放牧，进而导致草地逐渐耗尽，草地状况迅速恶化，牧民反倒无法从放牧中

---

① 郑建明，顾湘. 公共事业管理[M]. 上海：上海交通大学出版社，2011

得到更高收益,这时便发生了"公地悲剧"。哈丁认为:"这是悲剧的根本所在,每个人都被困在一个迫使他在有限范围内无节制地增加牲畜的制度中。毁灭是所有人都奔向的目的地,因为在信奉公有物自由的社会中,每个人均追求自己的最大利益。"像过度砍伐的森林、污染严重的河流和空气,都是"公地悲剧"的典型例子,"公地悲剧"的警示意义在于人们要避免对公共资源的过度利用。

2. 囚徒困境

囚徒困境是博弈论的非零和博弈中具代表性的例子,反映个人最佳选择并非团体最佳选择。该理论模型由美国普林斯顿大学的数学家塔克于1950年提出,该模型假设的故事是:两个合谋犯罪的嫌疑犯被警察抓住,分别被关在两个不能互通信息的房间审讯。警察告诉他们:"如果两人都坦白,则各判刑5年;如果一人坦白一人沉默,则坦白者立即释放而沉默者重判8年;如果两人拒不认罪,以现有证据来看也可以各判1年。"囚徒困境假定每个参与者(即"囚徒")都是理性的利己者,即都寻求最大自身利益,而不关心另一参与者的利益。对双方来说,在没有任何外在威胁和利诱的前提下,各自都有两种可供选择的策略,即坦白或沉默,于是就有四种可能结果,其中,最好的结果是无罪释放,最坏的结果是重判8年。但为了避免重判,结果是每个参与者都选择了坦白策略,每人被各判5年,这表明个体的理性选择最终导致了集体的非理性。

3. 集体行动逻辑

奥尔森的名著《集体行动的逻辑》是公共选择理论的奠基之作。它研究的是传统经济学不予关心的非市场决策问题,公共选择理论从它诞生开始就紧扣"经济人"这个最基本的行为假定,认为除了参与私人经济部门活动的人之外,公共活动的参与者也受制于此,都有使自己行为最大化的倾向,无行为主体的所谓的公共利益是不存在的。与以前社会科学家的假设不同,奥尔森不认为一个具有共同利益的群体,一定会为实现这个共同利益采取集体行动。因为这个假设不能很好地解释和预测集体行动的结果,许多合乎集体利益的集体行动并没有发生。相反,个人自发的自利行为往往导致对集体不利、甚至极其有害的结果。

4. 自主治理理论

自主治理理论是诺贝尔经济学奖获得者埃莉诺·奥斯特罗姆在大量实证案例研究的基础上，开发了自主治理理论，从而在企业理论和国家理论的基础上进一步发展了集体行动的理论。该理论从影响理性个人策略选择的四个内部变量、制度供给、可信承诺和相互监督、自主治理的具体原则三个方面阐述了自主治理理论的核心内容。奥斯特罗姆认为自主治理是与国家、市场并存的一种治理形式，是在市场与国家以外发现了另一只"看不见的手"。埃莉诺·奥斯特罗姆公共事物自主治理理论把多中心秩序与效率及社群利益关联起来，在市场与国家理论之外进一步发展了集体行动理论，为面临类似选择的人们提供了处理类似问题的新思路，从而为公共事物治理的理论与实践开辟了新路。

四、新公共管理理论

新公共管理（New Public Management，NPM）是20世纪80年代以来兴盛于英、美等西方国家的一种新的管理模式，"重塑政府运动"、"企业型政府"、"政府新模式"、"市场化政府"、"代理政府"、"国家市场化"、"国家中空化"等，都是对这场管理变革的不同称谓。"新公共管理"改革实践催生出不同于传统公共行政理论的理论新范式，即新公共管理理论。新公共管理理论主张引入市场竞争机制，采用私人部门的管理方式，以市场或顾客为导向，重新调整政府、市场和社会的关心，提高公共管理水平和公共服务质量。它通过推进改革管理的整体的多元化和公共管理手段的企业化，促使政府不再担当公共产品和服务的唯一提供者，而是担当公共事务的促进者和管理者，它有助于提高公共管理的有效性和促进社会可持续发展。具体的讲，新公共管理理论的基本内容有：一是以顾客为导向，奉行顾客至上的全新价值理念；二是治道变革，政府职能由"划桨"转为"掌舵"；三是公共管理中引入竞争机制；四是重视效率追求；五是改造公务员制度；六是创建有事业心和有预见的政府。

第二节 专业学科的研究内容

公共事业管理是公共管理的一个基本而重要的领域,属于现代管理学范畴。公共事业管理活动具有管理活动涉及的一般要素,即管理主体、管理客体、管理目的、管理职能和方法以及管理环境。这些要素明晰了公共事业管理研究的几个基本内容,即公共事业管理由谁来管理?管理什么?为什么要管理?怎么样管理?在什么条件下管理?

一、公共事业管理的主体

研究公共事业管理必须明确公共事业管理主体的概念和科学含义,即要明确由谁来进行管理。

由于我国公共事业管理研究还处于探索阶段,目前对公共事业管理范围的界定还不清晰,因此对公共事业管理主体的界定也存在着不同的观点。

目前,关于公共事业管理主体的探讨主要有三种观点,即公共组织是公共事业管理主体的观点、公共事业组织是公共事业管理主体的观点和第三部门是公共事业管理主体的观点。

第一种观点认为公共组织是公共事业管理主体。国内部分学者从我国目前公共事业管理的现实情况出发,认为以政府为核心的公共组织是现代社会的公共事业管理主体。公共组织是指不以营利为目的,而是致力于协同社会公共利益关系,服务社会大众,提高公共利益为宗旨的组织。公共组织不仅包括政府还包括非政府组织,其中政府是整个公共事业管理主体系统的核心。

我国在长期的计划经济体制下形成的政企事一体的管理体制直到今天仍然影响着公共事业管理体制,虽然行政管理体制改革和事业单位管理体制改革还在不断推进，可政事依然没有完全分开，政府还在相当程度上介入本该退出的领域。随着改革的不断深入，政府将会逐步从公共事业管理活动中淡出。

第二种观点认为公共事业组织是公共事业管理主体。公共事业组织是依照一定规则（有关政策、法规或内部章程），以独立、公正为原则，凭借自身特有的功能、资源为社会提供各种服务的公益性组织。[①] 公共事业组织是随着市场经济发展到一定程度而产生的，其活动不仅能够推动经济发展，也能够促进政府有效运作。公共事业组织在我国主要包括事业单位和民间组织，具有非政府性、非营利性、公益性和志愿性、灵活性等特点，在弥补国家体制和市场体制局限性方面有其优势，和西方国家的非营利组织、第三部门、非政府组织、志愿组织等很相似。随着市场经济的发展与逐步完善，公共事业组织将成为一种适合提供和管理准公共物品与服务的组织形式，逐步成为公共事业管理主体。

第三种观点认为非营利组织是公共事业管理主体。非营利组织是指不以营利为目的、主要开展各种志愿性的公益或互益活动的非政府组织，在西方国家也被称为"第三部门"。非营利组织是介于政府和市场之间的中间层，在政府和市场都无法顾及或者无法发挥作用的领域，非营利组织以其自身独特的灵活性、非营利性、公益性等优势为公众提供更加满意的公共产品与公共服务。

非营利组织通过传导政府政策和反映公民诉求的方式在政府和公民之间架起了一座沟通的桥梁，促进社会向"政府—非营利组织—市场"的三元结构发展，在弥补"政府失灵"和"市场失灵"中发挥其功能，成为公共事业管理主体。

二、公共事业管理的客体

公共事业管理客体研究就是要研究管理的对象或管理什么。由于公共

---

① 娄成武,李坚.公共事业管理概论[M].北京:中国人民大学出版社,2006

事业管理是一门综合性的学科,不同的研究者从不同的视角进行研究,所以对于研究对象的界定也各不相同。总体而言,多数教材认为公共事业管理的客体就是公共事业,但是如何界定公共事业的范围却是有分歧的。一般来说,不同学者都认同科、教、文、卫、体五个领域应该作为公共事业管理的主要研究对象,但是否将公用事业、基础设施、社区管理、公共住房、社会保障、环境等增加进来作为公共事业管理的研究内容还存在着争议。具体来讲,关于公共事业管理客体的观点可归为如下三种观点[①]:

第一种观点认为公共事业管理是以公共管理中政府以外的公共事务为研究对象的一门具体学科,但这种界定很大程度上淡化了政府是公共事业的管理主体。

第二种观点认为公共事业管理是阐述公共事业管理的学科体系和重要内容,是研究公共事业管理的基本过程和规律。

第三种观点认为公共事业管理是研究公共事业管理现象及其发展规律的科学,它是研究公共事业管理者在一定的环境和条件下,为了实现特定的目的,动员和运用有效资源而进行的计划组织领导和控制等活动及其规律的科学。

综上所述,公共事业管理是研究公共事业管理现象和发展规律的一门科学,它是研究政府、社会团体、公用企业组织等公共事业管理主体在一定的社会环境制约中对公共事务、社会事务进行管理的基本过程和基本规律的科学。

三、公共事业管理的目的

公共事业管理的目的就是要研究为什么要进行公共事业管理。公共事业管理的目的是各项公共事业管理的出发点和归宿,也是评判公共事业发展状况的重要标准之一。目前,关于对公共事业管理的目的认识基本达成一致,认为公共事业管理的目的就是满足社会公共需要,维护社会共同利

---

① 徐家良. 公共事业管理学基础[M]. 北京:北京师范大学出版社,2008

益,通过为社会公众提供诸如科技、教育、文化、卫生、体育、环境保护、社会保障等各项公共服务,改善社会成员的共同生产生活条件,提高社会公众的福利水平。

四、公共事业管理的方法

公共事业管理的方法研究就是研究如何进行公共事业管理。公共事业管理的方法就是公共事业管理主体为了实现公共事业管理目的而对公共事业管理客体采取的管理方式、手段和措施。公共事业管理作为管理科学的一部分,也遵循管理学的一般规律,管理的基本职能诸如计划、组织、领导和控制等同样适用于公共事业管理,成为其公共事业管理的基本方法和手段。如何结合各项公共事业管理的具体情况,选择科学、合理的管理方法和手段,是公共事业管理的重要内容,必须加以认真研究。

从目前的研究来看,公共事业管理的方法形式多样,传统的方法主要是行政管理的方法、法律管理的方法、经济管理的方法,这些方法各有特点并有其优势和局限性。一般情况下,管理者会综合运用这几种方法。随着时代的发展,在西方国家兴起的新公共管理运动中,公共事业管理的传统方法的主导地位逐步被公共事业管理的社会化和市场化管理方法所取代。公共事业管理的社会化和市场化的主要形式是民营化,具体有委托、替代、撤资等。但社会化和市场化的管理方法也有其优势和局限,不能完全抛弃传统的管理方法,仍需要政府的调控和监管。

五、公共事业管理的环境

公共事业管理的环境是研究公共事业管理的条件,即在什么条件下进行公共事业管理。

任何管理活动都不可能在真空环境中进行,都是在一定环境和条件下进行的,公共事业管理活动也不例外。公共事业管理环境包含着诸多的因素,内容广泛、复杂。一般情况下,公共事业管理的环境包括内部环境和外部环境,即公共事业管理主体系统赖以存在和发展的内外部条件的总和,也可以说是影响公共事业管理主体及其活动方式、活动过程的内外部条件的总和。这里的内部环境主要指公共事业管理机构内部的各种关系和要素组合(包括内部人事管理问题等)。外部环境则主要是指公共事业管理机构之外的影响因素,诸如政治、经济、地理、人口、文化、民族、宗教等。

进行公共事业管理活动,必须研究各项影响和作用公共事业发展的政治、经济、文化和社会等环境。通过对环境的研究,确定公共事业管理的影响和制约因素,为制定和实施科学、合理和有效的管理措施提供依据,进而达到预期管理目标。

第三节　专业学科的研究方法

公共事业管理学科作为一门新兴发展起来的跨学科、实践性、应用型的学科,从学科归属来看,它虽然是公共管理的一个重要的分支学科,但有属于自己的独立的研究领域,所以也有其自身的研究方法。由于公共事业管理学科是建立在管理学、政治学、行政学、经济学、社会学等学科基础上,所以从某种意义上来说,公共事业管理学科的研究方法也是借鉴这些学科的研究方法而逐步发展起来的。下面是公共事业管理学的几种主要研究方法。

一、历史研究法

历史研究法是运用公共事业管理理论和实践的历史文献资料,按照时间发展的顺序探寻过去事件发展轨迹中某些规律性的东西的研究方法。历史研究法是一种比较研究法,是以过去为中心的研究方法,通过对现存的历史资料中的信息进行描述、分析和解释过去的过程,进而帮助理解现实问题以及预测未来发展趋势。任何公共事业管理活动和现象都不会是孤立存在的，都有其发生的历史背景和其发展的过程。因此研究公共事业管理学中的概念、理论和规律，都应该将其放在一定的历史条件下进行，追根求源，追溯事物发展的轨迹，探究其发展轨迹中某些规律性的东西，这样才能了解它的来龙去脉，把握其实质所在，以实现"以史为鉴"，既服务于现在，又帮助预测未来发展趋势。

二、案例分析法

案例分析法是指通过对具体发生的某些事件或现象进行客观描述和解释，从公共事业管理发生发展情境中去发掘事件本质，总结经验教训，以找到问题答案的研究方法。案例分析法最初起源于20世纪初的美国哈佛大学医学院、法学院，后来经过哈佛商学院的推广与发展，逐步成为了一种十分成熟的研究方法。目前是工商管理、法律学、管理学、公共管理学、社会工作学等应用性社会科学中最常用的研究方法。案例分析法运用在公共事业管理学的研究中一定要针对具体的公共事业管理场景来进行，对案例发生的背景、发生的过程、出现的问题等要进行全面的、系统的评价，分析其中成功和失败的因素，进而提出相应的对策建议。案例分析中案例的选取一般要求来自实际，能结合公共事业管理的相关理论进行分析，需有助于研究者和学习者展开双向的交流和思维碰撞。实践证明，案例分析法对于公共事业管理学的研究与教学都是行之有效的。

三、比较研究法

比较研究法是指对两个或两个以上的事物或对象加以对比，寻找其异同，对事物的本质和规律予以准确的认识的一种分析方法。比较研究法是社会科学研究中的一种比较常用的研究方法，根据比较的内容，一般可以分为横向比较和纵向比较。横向比较是指对空间上同时并存的事物的既定形态进行比较。纵向比较即时间上的比较，就是比较同一事物在不同时期的形态，从而认识事物的发展变化过程，揭示事物的发展规律。我国公共事业管理的研究起步较晚,在我国当前社会转型期中产生的重大公共事业管理问题的研究,必须借鉴国际上的公共事业管理经验教训以及我国公共事业管理不同时期、不同体制下的经验教训,通过横向的和纵向的比较研究,认清我国公共事业管理历史、现状和未来发展方向,进而促进我国公共事业管理的发展。

四、实践抽象法

实践抽象法是指对公共事业管理实践和行为中的既有经验、办法以及思维方式进行总结、概括和抽象,形成新的公共事业管理理论的方法。公共事业管理学是实践性较强的学科,需要对公共管理实践过程中形成的一些较稳定和定型化的操作方法和思维方法进行总结、概括和抽象,凝练提升为系统的理论。实践抽象法遵循"实践—理论—实践"的思想,即从实践中来,到实践中去。在公共事业管理中运用实践抽象法有助于帮助理论研究者和实务操作者提升确认问题、分析问题以及解决问题的能力。

五、试验分析法

试验分析法源于自然科学,现在也被广泛运用到社会科学研究中来。试验分析法是指根据客观现实,通过情景控制模拟场景,将研究所涉及的各种要素,按照预先设计步骤展开,观察和探索要素之间的关系的研究方法。公共事业管理学的试验分析法不同于自然科学的试验分析法,因为存在着许多无法像自然科学试验中精确测量和分析的因素。即使能够排除人为和与试验无关因素的干扰,但研究过程始终都有人的参与,还是不能完全做到价值中立,此外社会环境的多变性也会对试验结果产生影响。所以,从严格意义上来讲,公共事业管理的试验分析法是一种准试验分析。我国公共事业管理领域里很多政策在推广之前都先行试点,等试点经验成熟后再推行到更大范围实施,在某种程度上来说就是一种试验方法的运用。目前,管理领域较为常用的对比实验、可行性实验、模拟实验等,均已综合运用到公共事业管理的研究中来了。

第四章

公共事业管理专业课程体系

  科学的课程设计是实现人才培养目标的基本保证,公共事业管理专业课程体系正是一个服务于专业培养目标、各课程间相互联系的有机系统,课程设计体现了科学性、创新性、社会需求导向、专业方向课程设置和实践性原则,总体包括普通教育、专业教育、实验和实践教育三个部分。

  公共事业管理专业是培养具备现代管理理论、技术与方法等方面的知识以及具有能够运用这些知识的能力,能在文教、体育、卫生、环保、社会保险等公共事业单位行政管理部门从事管理工作的高级专门人才的专业。它是管理学、政治学、法学、经济学等学科在较高层次上的交叉、综合运用的一门管理专业。公共事业管理专业旨在培养社会需要的宽口径、厚基础、专业特色明显的复合型管理人才,而科学的课程设计是实现人才培养目标的基本保证,本章将详细介绍公共事业管理专业课程体系。

第一节　课程设计思路

一、课程的内涵

教育作为一种特殊的人类实践活动其核心要素就是课程,课程是教育理论的一个核心部分,为了更好地认识我国高校公共事业管理专业的课程体系必须先了解什么是课程。

如果说教育的实质是教育者与被教育者之间的互动,那么课程就是他们之间互动的媒介,如果没有这个媒介,就不存在教育。因此,课程是教育的一个重要分支和核心要素。教育的三要素是教育者、被教育者及将教育者和被教育者联系起来的教育中介,教育中介中又包括课程、教学等,教育中介中的要素之间的显著区别就是前者是内容,后者是手段,是实现前者的手段。因此,我们可将课程定义为在学校教育中一定的培养目标指导下,在教师与学生的互动中,由教师引导学生获取和习得知识和技能而形成的一系列计划方案和活动,它是学校教育活动的一个重要的组成部分。

二、课程设计的思路

1. 课程设计的内涵

课程设计是指一定学校选定的各类各种课程的设立和安排,其必须符合培养目标的要求,它是一定学校的培养目标在一定学校课程计划中的集中表现,规定课程类型和课程门类的设立及其在各年级的安排顺序和学时分配,并简要规定各类各科课程的学习目标、学习内容和学习要求。

课程设计主要包括合理的课程结构和课程内容。合理的课程结构指各门课程之间的结构合理,包括开设的课程合理,课程开设的先后顺序合理,各课程之间衔接有序,能使学生通过课程的学习与训练获得某一专业所具备的知识与能力。合理的课程内容指课程的内容安排符合知识论的规律,课程的内容能够反映学科的主要知识、主要的方法论及时代发展的要求与前沿。

公共事业管理专业课程体系是一个服务于专业培养目标、各课程间相互联系的有机系统。在这个系统中,应使各门学科相互补充、相互促进,充分发挥整体效用,形成最佳结构,即课程设置应穷尽公共管理的一切领域,避免基础知识的疏漏;同时,又要规范每门课程的教学大纲,做到"独立而排他"。

2. 课程总体架构

公共事业管理专业课程设计应包括普通教育、专业教育、实验和实践教育三个部分,其课程架构见图 4-1。

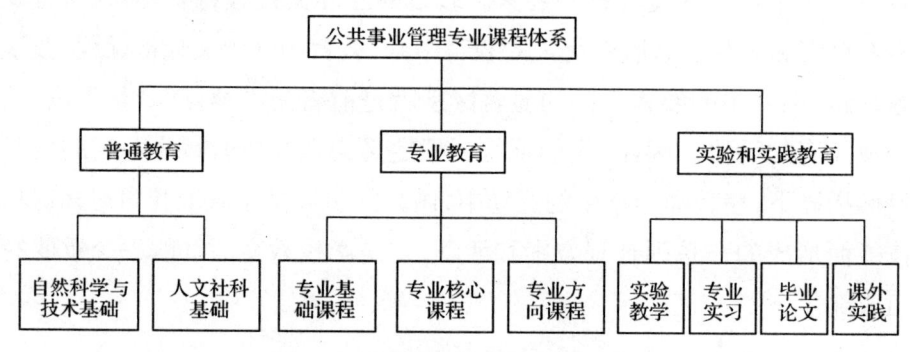

图 4-1　公共事业管理专业课程架构

普通教育课程是指除专业教育之外的基础教育课程。如果说专业教育旨在培养学生在某一知识领域的专业技能和谋生手段,那么普通教育则要通过知识的基础性、整体性、综合性、广博性,使学生拓宽视野、避免褊狭,培养学生独立思考与判断能力,树立社会责任感并健全人格,也就是教化他们学会做人。普通教育课程包括自然科学与技术基础和人文社科基础课程。

专业教育是使学生掌握必要的专业基本理论、专业知识和专业技能,了解本专业的前沿科学技术和发展趋势,培养分析解决本专业范围内一般实际问题的能力,其课程包括专业基础课程、专业核心课程和专业方向课程。

实验和实践教学是围绕该专业人才培养目标,通过合理的课程设置和实习等实践教学环节的合理配置,建立起与理论教学体系相辅相成、着重培养创新精神和实践能力的教学内容体系。一个较为完善的公共事业管理专业实验和实践教学环节应包括实验教学、专业实习、毕业论文和课外实践四个环节。

第二节 课程设计原则

针对目前全国各高校公共事业管理专业课程设置现状,同时基于公共事业管理专业人才培养目标,极有必要对公共事业管理专业课程设置的原则及其设置方法从一般意义上进行深入研究和探讨。

一、科学性原则

科学性原则是指课程设置既要符合专业培养目标,同时又要兼顾课程合理组合的原则。

公共事业管理专业的培养目标是培养具备现代管理理论、技术与方法等方面的知识以及具有能够运用这些知识的能力,能在文教、体育、卫生、环保、社会保险等公共事业单位行政管理部门从事管理工作的高级专门人才。因此,公共事业管理专业的主干课程应该而且必须围绕对学生管理理论的掌握、管理技能的获得与提升以及管理方法的培养这一总体目标设置。与此同时,由于该专业的人才培养目标理论上主要为非营利组织的公共部门服务,因此课程设置又必须兼顾学生对于非营利组织理论及其管理等的掌握和理解为指向。

具体做法为:围绕公共事业管理专业培养目标,教育部规定的主干、必修课程以及如政治理论课、数学、外语等通识类课程务必得到开设,且在整个课程体系中应该占据60%左右的课时,专业任选及实践性课程课时占据余下的40%左右。

其中,各门主干、必修课程的课时分配则应该向管理、法学类课程(如"管理学原理"、"政治学原理"、"公共事业管理学概论"、"行政管理"、"人力资源开发与管理"等)倾斜,这由公共事业管理专业的学科性质(管理学或法学)以及学生毕业后主要从事的工作性质所决定;此外,在专业任选课程的开设数量上则可以根据本校师资情况尽可能多地开设能够拓展学生哲学、社会科学知识的人文社会科学、哲学类课程,且其中又应以开设管理、经济类、法学类任选课程为主;实践性环节课程的开设则应该以帮助学生认识社会、认识公共组织(其中又以非营利组织为主)及其管理,并且要理论联系实际,以加深学生对主干课程理论原理的理解等为目标。

二、创新性原则

创新性原则是指既基于专业本身发展需要,又着力于学生创新意识和创新能力培养而增设不同于专业主干课程之外的相应新课程的原则,也可称为前瞻性原则。

任何一个专业均是根植于某一学科的发展,学科及其发展既为专业设置提供了坚实的基础,同时也为专业发展提供了强劲动力。任何理论的产生及其发展又源于现实实践的推动。随着国内外公共管理实践、非营利组织及其管理实践的快速推进和发展,学科理论也应该且必须是适时总结和概括鲜活的"常青的实践之树"成果,从而为公共事业管理的传统理论不断增添新的"血液"和内容,以确保公共事业管理理论不致落入马克思所形象指出的"灰色理论"之窠臼。此外,我国目前创新型国家建设实践的不断推进也必然要求创新型高校建设与创新型人才培养的同步推进,而高校创新型人才培养的直接举措便是适时开设出着力培养学生创新意识和创新能力的相关课程。

三、社会需求导向原则

社会需求导向原则是指课程设置必须满足学生的就业需求从而满足社会现实需求的原则，因此，又可称之为课程设置的学生就业需求导向原则。

随着1999年高校扩招政策的启动与实施，我国高校中除了少数专业性极强的毕业生就业去向较为对口外，绝大多数专业的毕业生就业去向都呈现出"天高任鸟飞，海阔凭鱼跃"的各显神通状态，或者说毕业生的就业职业与其所学专业呈现出吻合度不高的现实状况。此外，我国高等教育大众化时代的到来，使得大学生就业早已成为了"买方"市场。因此，各种职业证书成为学生就业的"必要条件"，这些也要求学校尽可能多地开设出利于学生职业证书获得的相关知识课程。

诚然，就公共事业管理专业的培养目标而言，学生的就业去向应该是在文教、体育、卫生、环保、社会保险等公共事业单位行政管理部门从事管理工作。但是，从笔者所在高校公共事业管理专业毕业生连续两年的就业情况分析，真正到所属专业培养目标性质单位者实际上寥寥无几，而大部分毕业生日后所从事的职业大都是泛管理类职业。因此，从高校和专业培养人才的最终目标来看，毕业生就业率的高低在一定程度上反映出高校及其所在专业受到社会承认程度的高低。如果某一专业的大多数学生通过四年大学学习且达到培养目标却最终难以成功实现就业，那么应该说这是对学生的一种耽误和不负责任，而另一方面则同样预示着所在高校继续开办该专业的合理性的丧失。

为了更好地实现专业培养目标和高校培养人才的任务，高校有责任开设一些面向毕业生就业需求的、对毕业生成功实现就业或深造有着切实帮助的课程。从我国高校公共事业管理专业毕业生就业或深造的相关情况来看，该专业毕业生的主要去向有泛管理类职业、参与国家公务员招考、管理或经济类硕士学位攻读等。因此，高校在设置课程时应该开设数量相对较多的经管类课程（如"宏观经济学"、"微观经济学"、"非营利组织管理学"等）以及公务员考试培训类课程（如"申论"、"公务员应试基础知识"等），以应对学生的就业需求,增强其就业竞争力以及满足其进一步深造的现实需求。

四、专业方向课程设置原则

专业方向课程设置原则是指高校在设置专业课程时,在力保教育部规定的专业主干和基础课程得到开设的前提下,尽可能开设本校特色学科与公共事业管理学科相结合的交叉性或概论性课程。由于开设的这些课程所独具的本校特色,这一原则也可称为共性与个性结合基础上的突出个性原则。

在我国300多所开办公共事业管理专业的高校中,尽管从总体上来看高校类别大体只能分为几类(如综合类、工科类、农学类、医药卫生类、艺术体育类等),但是由于每一所高校自身的学科资源、特色、优势以及教学资源禀赋不一且各异,因此尽可能地根据本校学科资源和师资资源优势和特色开设具有本校特色的概论性或交叉性课程,既是可能的且是能力所及的,又是发挥本校资源优势、使专业课程更具特色化的现实需求,同时更是拓展学生知识面、增强其就业竞争力的迫切需要和重要举措。具体涉及各个高校该类课程的课程名称、课时数、课程类别性质等的确定,则在力保由系、院、校三级教学管理部门的统一规划、审核前提下,在本校范围内选择授课教师,让教师"八仙过海,各显神通",充分发挥其积极性和主动性。

五、实践性原则

实践性原则是指在专业核心课程得到充分开设的前提下,以理论课知识和原理为基础,加深学生对理论课程原理的理解,提升其运用理论知识解决实际问题的能力而开设相关实践性课程的原则。该原则由于贯彻和体现了理论与实践相结合的实践精神和思想,因而又可称为理论联系实际原则。

坚持实践性原则开设相应的实践性环节课程,与其说是由教育部对任何本、专科专业规定务必有相应的实践性环节课程设置所决定,倒不如说是由学生的成长、发展和毕业后快速适应社会以及理论回到实践中接受检验、加深学生对所学课程理论知识原理的认识所决定。因为高校的三大功能之一也是最为主要的功能便是培养人才,而培养的人才(即高校毕业生)最终必须走向社会、服务社会且应该得到社会的充分承认。因而,为了使高校毕业生得到社会的承认,应让他们尽可能早地接触社会、了解社会,尤其是对日后所从事的职业或工作单位性质的充分了解。

"纸上得来终觉浅,绝知此事要躬行"的古训也告诉我们,唯有使学生将理论知识和原理尽可能运用于实践和社会,才能加深学生对于"纸上知识"的充分与深入理解,其最为直接和功利的作用则充分体现在对于学生寻求就业单位的功能中。通过实践性环节课程的教学,学生凭借其对于专业对口的相关行业(职业或单位)的理论、实践两个方面的双重认识和理解,为参加相关对口单位招聘的考核、面试等奠定了相应基础,另一方面则也为部分学生通过实践性环节课程学习而最终成功地被所实践单位或部门录用提供了契机和条件。

当然,上述课程设置的五个基本原则,其相互之间也存在着必然的联系,且各自的地位和作用也不相同。其中,科学性原则和实践性原则不仅是基本原则,而且还是坚持社会需求导向原则与专业方向课程设置原则的基础和前提。唯其如此,才能保证公共事业管理专业课程设置的系统性、完整性和目的(实践)指向性。此外,科学性原则与实践性原则又有着互为前提的关系,两者的关系有着理论与实践之间的相互作用关系特征。创新性原则则始终贯穿和渗透于其他四个原则之中,任何其他原则的贯彻和实施都必须坚持创新性原则,此乃整个专业课程体系充满生命力的源泉,其由社会及其实践发展、学科理论发展、学生成长需求等诸多因素所综合决定。社会需求导向原则的贯彻实施既是满足学生就业需求的现实需要,同时也是对高校功能实现是否获得社会承认的检验。专业方向课程设置原则则是发挥高校特色优势、贯彻特色与优势资源办学方针以及培养通、专结合的通才的基本要求。

第三节 基础课程与核心课程介绍

一、基础课程

1. 自然科学与技术基础课程

（1）大学信息技术基础：随着计算机信息技术的快速发展和计算机应用的日益普及，该课程已成为高等学校普遍开设的公共基础课。该课程有两个部分组成：一是理论知识部分，主要介绍计算机信息处理方面的基本概念、原理和技术，采用课堂教学的形式，是必修课；二是实践部分，重点是计算机的操作及常用软件的使用，采用实验课的形式。

（2）高等数学：该课程是公共事业管理专业的重要基础课。要求学生通过该门课程的学习，初步掌握学习后继课程所必备的数学基础知识及常用数学方法，具有一定的抽象思维能力和逻辑思维能力，具备相应的数学运算能力和运用数学知识解决简单实际问题的能力。本课程以课堂讲授为主，内容包括一元微积分、多元微积分、微分方程、无穷级数等。

（3）线性代数：线性代数这一数学工具在经济科学、管理科学中有着广泛的应用。著名的投入产出模型就是以线性代数理论为基础的。学好这一门课程不仅是学习后继课程是必不可少的，而且对掌握现代经济理论并应用于实际也是很有必要的，尤其是在计算机日益普及和广泛应用的今天，该课程的地位与作用更显重要。该课程按54学时设计，以课堂讲授为主，可根据实际情况，结合数学建模，培养学生的动手能力及发现问题和分析解决问题的能力。

（4）概率论与数理统计：概率论与数理统计是一门研究随机事件规律性的学科，通过对本课程的学习，使学生掌握处理随机现象的基本思想和方法，培养他们运用概率与数理统计的方法去分析和解决有关实际问题的能力,并为今后学习专业课打下必备的基础。

2. **人文社科基础课程**

(1) 思想道德与法律基础:本课程属于高校公共政治理论课的第一门课。通过本课程的学习,要求学生养成正确的政治观、道德观和法制观,为接下来继续学习其他几门高校公共政治理论课打下基础;同时也为学生自我修养及拥有健康的人生打下基础。本课程以教师讲授结合课堂的学生体验环节,共同实现课程的既定目标。

(2) 中国近现代史纲要:通过讲授19世纪中叶以来的近现代历史,使青年学生更好地把握这段历史。通过借鉴历史,思考和探求中华民族赖以走向近现代化的历史文化的内涵,培植既不骄傲自大又不妄自菲薄,既自信又虚心的新民族文化心理特质,使我们减少前进道路上的曲折,顺利走向富强、民主、文明的明天。

(3) 马克思主义基本原理概论:通过对本门课程的学习,向学生宣传马克思主义的基本原理,帮助学生树立建设中国特色社会主义共同理想和共产主义崇高理想,弘扬爱国主义、集体主义、社会主义,形成科学的世界观、人生观、价值观,使学生跟党和人民的根本利益保持一致,更好地为中华民族的繁荣富强服务。

(4) 毛泽东思想和中国特色社会主义理论体系概论:该课程着重讲授中国共产党把马克思原理与中国实际相结合的历史进程,充分反映马克思主义中国化的三大理论成果,帮助学生系统掌握毛泽东思想、邓小平理论和"三个代表"重要思想基本原理,坚定在党的领导下走中国特色社会主义道路的理想信念,培养学生运用马克思主义的立场、观点和方法分析和解决问题的能力,增强执行党的基本路线和基本纲领的自觉性和坚定性,积极投身全面建设中国特色社会主义的伟大实践。

3. **专业基础课程**

专业教育中基础课应当以公共事业管理工具性课程为主,主要讲授各个专业方向都必须掌握的基础性知识。

(1) 西方经济学:现代西方经济学是对西方国家市场经济活动规律和

特点的理论概括，特别是分析总结了市场机制条件下经济的运行状态以及政府、厂商和消费者的经济行为，并提出了一些宏观经济和微观经济的管理方法。西方经济学分为微观经济学和宏观经济学两大部分。微观经济学是研究市场经济体制下个体单位的经济行为从而产生的许多经济理论。微观经济学的主要内容包括价格理论、消费者行为理论、生产理论、成本理论、市场理论等，对于研究和探索现代企业经营管理具有重要意义。宏观经济学的主要内容包括国民收入核算、国民收入决定、产品市场和货币市场的一般均衡、宏观经济模型、宏观经济政策分析等宏观经济学的基本理论；传统的宏观经济理论和当代宏观经济学的发展。

（2）管理学：管理学主要从一般理论、一般原理、一般特征的角度对管理活动加以研究，从中找出一般规律性。因此，也称为一般管理学或管理学原理，是公共事业管理专业重要的专业基础课，也是考研的重要专业课之一。

（3）统计学：统计学是为大学经济与管理学科各专业学生开设的一门必修的重要的基础课。它研究如何用科学的方法去搜集、整理、分析国民经济和社会发展的实际数据，并通过统计所特有的统计指标和指标体系，表明所研究的社会经济现象的规模、水平、速度、比例和效益，以反映社会经济现象发展规律在一定时间、地点、条件下的作用，描述社会经济现象数量之间的联系关系和变动规律，也是进一步学习其他相关学科的基础。

二、核心课程

核心课程包括专业核心课和专业特色课程。专业核心课是体现公共事业管理教育体系核心内容的课程，专业方向课程则是在人才培养目标的引领下，基于办学主体的优势所开设的特色课程。

1. 专业核心课程

（1）公共部门人力资源开发与管理：本课程的教学使学生正确理解公共部门人力资源管理的概念，掌握公共部门人力资源管理的普遍规律、基本原理和一般方法，并能综合运用于对实际问题的分析，初步具有解决一般公共部门人力资源开发与管理问题的能力,培养学生的综合管理素质。

（2）公共组织财务管理:使学生明确公共组织财务管理的含义,目标和特点,认识做好财务管理工作对于促进公共组织生产经营、提高经济效益的重要意义;理解公共组织财务管理的基本内容,懂得各种公共组织财务活动的联系以及财务活动同其他经济活动的联系;在系统掌握公共组织财务管理的基本理论和基本知识的基础上,熟练掌握公共组织财务管理的各种业务方法,具有一定的财务分析和解决财务管理问题的能力,为公共组织经营决策服务,并为学习其他课程打下良好的基础。

（3）公共政策学:通过本课程的学习,使学生能够在了解公共政策学的发展和演进历史的基础上,深刻理解公共政策的基本概念、理论框架和基本要素。并通过大量的案例分析使学生掌握公共政策分析的价值观念、思维方法、模型路径,掌握具体的决策与分析技术,熟悉公共政策制定的主体和途径,了解我国公共政策制定中的主要历史经验、教训。以期学生具备初步的公共政策问题界定能力,公共政策方案编制和抉择能力,公共政策执行能力和公共政策评估能力,能够较好适应我国公共管理实践要求。

（4）公共经济学:本课程以马克思主义经济学和现代经济学的基本方法,着重介绍公共经济学的基本概念、基本理论和分析方法,在此基础上讨论与现实密切相关的公共经济问题,最终的归宿是分析和评价公共经济政策。本课程强调公共经济学在经济学学科体系中的特殊性,同时强调公共经济学在公共管理专业课程体系中的方法论性质,将公共经济学的学习与提高分析和解决公共经济问题能力的目标结合起来,培养学生对公共经济主体、公共产品、公共选择、公共支出、公共收入、公共分配、公共经济政策、公债、公共经济管理理论与方法的理解,具备从事公共管理的能力。

（5）公共事业管理概论:公共事业管理学是研究公共事业管理现象及其发展规律的科学,其内容和任务主要是从理论上阐述公共事业和公共事业管理的基本范畴和原理以及公共事业管理的体制和方法等,同时,围绕着"管什么"、"谁来管"、"怎么管"、"管得怎么样"以及"进一步该如何管"五个问题,深入分析公共事业管理的对象、主体、方法、评估监督以及改革与发展,帮助学生系统地了解和掌握公共事业管理的基本原理,引导学生的创造性思维,培养学生对公共事业管理专业的深厚认识和浓厚兴趣,促进学生理论素质和认识问题、分析问题及解决问题能力的提高,为其他公共事业管理课程的学习打下牢固的基础。

通过本课程的学习,要求学生掌握管理信息系统的基本概念、熟悉 MIS 的技术基础、系统的开发流程、方法等,结合教学演示软件,了解管理信息系统的实际应用,更好地理解课程内容,掌握操作和使用方法,提供应用能力,做到理论联系实际。

2. 专业方向课程

根据学科性质和社会发展的需要,公共事业管理专业设置了文教、卫生、体育、环保、社会保险等专业方向,专业方向课程体现了各高等院校对该专业的定性、定位以及培养人才的方式、目标、规格的差异性,不好一概而论。即使是同一个专业方向,以医学院校的公共事业管理(卫生事业管理方向)为例,由于办学主体(公共卫生学院、管理学院、人文社会科学学院等)及自身的条件有别,在课程设置上仍然缺乏全国统一的标准与规范。

第四节　实验与实践教学

一、实验教学

公共事业管理专业的实验教学必须以强化训练专业实用技术为特征,以利于培养学生技术应用能力、分析和解决实际公共管理问题的能力。有鉴于此,实验教学子系统以培养专门的实验技术能力目标,验证性的内容应大为减少,按照从初级到高级等的认识和实践过程构成一种能力体系。

公共事业管理专业是从行政管理学母体中脱胎出来的以政治学和经

济学为学科基础形成的一门新兴管理学科。在科学技术日新月异,信息交流和管理技术不断发展的今天,公共管理人才要适应社会信息化和管理现代化的工作环境,仅靠传统的计算机基础教育是远远不能解决问题的,应该在公共事业管理专业课程教学中系统地融入新技术、新知识和新思维,以信息技术为平台,专业化软件为工具,建设专业实验室。公共事业管理专业实验室可以进行两类实验课程的教学。一方面,针对该专业的许多核心课程如管理信息系统、管理定量分析、管理经济学、公共财务、人力资源开发与管理、行政学等必须进行单科性课程实验。这些课程有很强的技术性和操作性,需要安排专门的课程实验,才能够使学生做到理论联系实际,加深和强化学生对该门课程的理解和掌握。这些实验的安排应该与课程课堂教学同时进行。另一方面,必须开展综合性的专业实验,即通过创立仿真模拟实验系统,给学生提供一个高效的模拟实验实训环境,使学生能在一个仿真的环境中体会公共事业管理专业课程实务业务流程,帮助学生在一个较短的时间内全面、系统、规范地掌握从事专业实务的主要操作过程,并且从多个方面去理解和熟悉相关实务和各种标准。这种形式的目的在于培养学生根据所学的各门课程知识进行综合性的实务操作,培养他们的适应能力、协同能力、判断能力、创新能力。专业实验不是针对某一门课程而言,而是对所学的各门课程知识的融会贯通,所以不仅涉及上面提到的核心课程,而且涉及该专业的其他知识。

二、专业实习

专业实习是全面综合训练学生实际工作能力的一个重要环节。通过实习,使专业理论密切联系实际,增强学生的感性知识,培养学生的实践能力,使学生得到一次实践锻炼,这样,在毕业后走上工作岗位能够较快,较好地适应本专业各项工作。公共事业管理专业实习应根据专业方向不同选择不同的实习内容,普遍涉及的是管理学实习、公共事业管理专业实习、人力资源管理与开发、应用软件培训等。

专业实习最主要的形式是毕业实习,毕业实习一般在公共事务管理实务部门进行,其主要目标是要求学生较独立地创造性地开展工作,较熟练地扮演公共事业管理者的角色,把所学专业知识、理论和技巧转化为良好的专业素养,较系统地运用于实习工作中,并了解和熟悉就业环境,为就业后的适应社会打下基础。由于很多客观条件的制约,许多高校该专业现行的毕业实习方式是分散实习,要求学生自己联系实习单位。然而由于目前我国公共事业管理组织发育滞后,这样的社会环境使得该专业的毕业实习和其他专业的毕业实习不同,靠学生自己的能力在社会上要找到对口的实习单位有很大的难度。各高校应设置专门机构和专人负责,为学生联系比较固定的校外实习基地。在实习进程中实习基地应根据实习单位岗位的情况,安排实习学生承担某一岗位的具体工作,以增强学生的责任意识,全面检验和锻炼学生各方面的能力。

三、毕业论文

毕业论文是培养学生综合运用所学知识解决实际问题能力的重要方式。这一过程主要包括了以下五个阶段:第一,毕业论文选题。应结合实际,以揭示有关公共事业管理规律、解决现有的或潜在的公共管理中存在的问题为目的,只要是公共事业管理专业教学所涉及的内容都可作为毕业论文选题的范围。论文选题一般要求在第七学期末完成,期间导师要拟出多于学生人数 50% 的论文题目供学生选择,学生要查阅大量的资料、文献,了解选题研究领域的国内外基本情况,尽可能使选题具有新颖性、创造性和可行性。第二,拟定大纲。毕业论文选题确定后,导师要向学生介绍学术论文的类型、结构和写作方法,在导师的指导下,可安排 1 周时间拟定论文大纲和制定完成论文的技术路线。第三,撰写初稿。要求学生根据论文的选题和大纲,进行深入细致的调查研究,收集并分析资料,按学术论文的要求撰写出规范的毕业论文。第四,定稿。学生完成论文初稿后,导师要对论文进行初步审查,提出修改意见,再由学生认真进行修改完善后定稿,按照学校统一要求装订成册。第五,答辩。为了训练同学们对论文的表达能力,创造一个相互学习、相互交流、取长补短的平台,所有毕业论文都要求进行答辩。

四、课外实践

课外实践主要是在教学体系之外利用假期要求学生必须参加的实践环节,包括暑期社会实践活动、社会管理调研专题研究、案例分析等。为了鼓励学生积极参加社会实践活动,在培养方案中设计相应的课外实践学分,学生完成该环节则能够获得相应学分。由于本科生进行实践活动仍存在一定的盲目性,因此,教师指导或负责带队,并制订一定的社会实践计划,有针对性地分组对有代表性的公共事业管理单位或高校实习基地进行调研或专题研究,这样不仅操作性强,而且学生更有兴趣,完成的调研报告有一定深度。

第五章 公共事业管理专业教学安排及学习方法

本章对公共事业管理专业的教学安排及学习方法进行了介绍。公共事业管理专业的教学内容主要包括理论讲授和案例分析,教学方法有教师讲解、交流探讨、演示示范、模仿或模拟。教学环节包括理论教学、自主学习、实践教学。学习方法有课前预习、课中听讲、课后复习、做作业和考试等一系列方法。本专业的考核包括平时考核与期末考核,具体形式分为考试与考查,计分方式有百分制和等级分制,分数与绩点、成绩评定办法也有特定要求。

第一节 教学安排

一、教学目标

本专业旨在培养系统掌握公共事业管理专业基础理论、基本知识、基本技能和综合应用知识的能力,具备宽广的国际视野、较强的创新意识,专业基础扎实,知识面宽,综合素质高,能在公共事业单位、公共服务性企业等领域,尤其可以在医疗卫生机构、卫生行政部门等单位从事管理工作的高素质应用型人才。

二、教学内容

1. 理论讲授

本专业方向学生主要学习现代公共事业管理基本理论和基本知识,辅之经济学与医药学基本知识,受到一般管理方法、管理人员基本素质和基本能力的培养和训练,掌握现代公共管理与公共事业管理的理论、技术与方法等方面的基本知识。

通过理论讲授,使学生系统全面地掌握本专业的基本理论和基本知识,对本专业的内涵和外延有较为清晰的认识和把握,具备公共事业管理专业学习者的理论素养,具备对现实问题进行分析和处理的知识储备。

2. 案例分析

当今社会,公共事业管理的实践丰富多彩,这为公共事业管理专业的教学提供了大量的素材,有利于将公共事业管理的基本理论和基本知识加以深化分析和理解。本专业将结合课程体系的安排,结合教学需要和社会热点,选取一系列案例用于教学。

在案例分析中,首先选取部分案例用于教师的教学内容设计,将运用公共事业管理的理论和知识对案例进行介绍和分析,主要目的是促进学生对基本内容的理解。其次,还将选取一些案例,用于学生的自学和练习,通过案例分析,促使学生主动地去思考和理解。最后,由学生在自身知识框架的指导下,自主选择恰当的案例,解释分析具体的理论和现实问题,以达到融会贯通的目的。

三、教学方法

1. 教师讲解

讲解又称讲授,它是用教师的语言传授知识的一种教学方式。教师通过语言对知识的剖析和揭示,剖析公共事业管理组织要素和过程程序等,揭示其内在联系,从而使学生把握其实质和规律。教师讲解有两个特点:其一,在主客体信息传输(知识传输)中,语言是唯一的载体;其二,信息传输具有单向性,从主体指向客体。

教学中,知识综合、概括和总结阶段,讲解是必要和有效的,例如对公共物品概念及特征的讲解,应用知识时,通过讲解引导、定向也是有利的。此外,实验观察前的提示和说明,之后的分析总结;观看电影、录像、幻灯的解释和提示;组织实践活动的意义分析,问题说明和总结;讨论和自学的分析总结等,讲解这一教学方法会取得很好的效果。

2. 交流探讨

交流探讨是就某一问题交换意见或进行辩论,共同探讨研究并加以评论,彼此间把自己的观点提供给对方,相互沟通。师生之间、同学之间的讨论交流过程是互教、互学、彼此交流知识的过程,也是互爱、互助、相互沟通情感的过程,是新的教学理念的一种体现,所以在讨论交流教学中应充分发挥讨论的作用,使学生学会交流、借鉴、总结,学会互相帮助,最终达到共同进步的目的。尤其是公共事业管理领域,有很多问题没有确定的答案,很多政策只是利益协调的产物,对如何进行利益取舍,不同的人有不同的标准和观点,没有一定之规。因此,可以通过交流探讨的方式进行思维的交锋和观点的碰撞,加深对知识的理解和对现实问题的把握。

在讨论交流过程中,教师应深入到学生中去,听取学生的发言,并从学生发言中了解他们对各个问题的看法、认识,以及他们解决问题的思路和方法,通过对比,把握学生对哪些问题的认识存在着偏差,学生对哪些问题的解决方案不够完善,从而在师生交流时作适时的引导。在讨论交流过程中,学生应积极参与,提出自己的观点,认真倾听别人的意见,然后对别人存在的问题提出自己的解决方案供大家讨论分享,最后大家一起把这些问题总结、整合,达成共识。其中,学生应特别注意做到以下几点:

① 发言要积极、主动,态度要端正;
② 要努力在同学中奠定良好的人际关系基础;

③ 要把握住说服对方的机会,谈话时要广泛吸收别人的语言精华;

④ 发言的时候要注意讲话的技巧,并且言词要真诚可信,在辩论中要多想办法摆事实,讲道理,让自己的发言有说服力;

⑤ 发言都要抓住问题的实质,言简意赅,在讨论交流的过程中,要努力充当讨论交流的领导者,发言时要考虑周到,不要冷落他人;

⑥ 讨论时注意自己的仪态,不要因激动而失礼、失态。不能使用粗话,切忌随意使用外语和方言;

⑦ 如果想要加入他人间的讨论首先应征得对方同意,听别人讲话的时候要全神贯注,讲述自己的观点要清晰诚恳,不贬低他人。

需要指出的是,在交流探讨中,每个人都需要积极参与讨论过程,这是讨论交流取得最佳效果的关键。公共事业管理的讨论在于有议有决,如果讨论交流变成个别学生之间的争论,出现议而不决的情况,就失去了交流探讨的意义。

3. 演示示范

演示法是教师根据教学目的和内容,通过呈现实物、模型、图片等直观教具或通过示范性操作实验和电教手段指导学生获得知识或巩固知识的教学方法。它常与讲授法、谈话法等结合使用,对提高学生的学习兴趣,发展观察能力和抽象思维能力,减少学习中的困难有重要作用。

根据演示材料的不同,可分为实物、标本、模型的演示;图片、照片、图画、图表、地图的演示;实验演示;幻灯、录像、录音、教学电影的演示等。由演示内容和要求的不同,可分为事物现象的演示和以形象化手段呈现事物内部情况及变化过程的演示。例如,可以通过已有的视频短片演示公共预算的编制过程等。

应用演示教学法,在演示前教师应制订详尽的演示计划,仔细考虑演示时教师与学生的位置,清楚地说明演示的目的;在演示中,教师应注意吸引并保持学生的注意力,演示步骤示范到位,讲解简洁、明确;演示后,教师应有相关的跟进工作,如提问、复习、重复演示等检查学生是否明白;让学生自己提出疑问;针对演示的要点进行总结,增进学生对相关技能的了解等,以便保证良好的演示效果。

学生在观看演示示范时，要注意把握现象背后的理论问题，能够透过现象看到事物本质，能够通过观看演示示范更好地实现学习的目的；应该保持注意力，紧跟教师或教学材料的逻辑；在演示示范之后，要积极地提出问题或回答教师的问题。

4. 模仿或模拟

模仿，也称为仿效，是指有意识地依照他人的言行举止方式进行自己的行动，是社会学习的重要形式之一。模仿练习作为一种学习方法，是指在教师指导下，学生模仿老师，或者模拟扮演某一角色或在教师创设的一种背景中，进行技能训练和调动学生学习积极性的一种典型的互动教学法。

例如，可以分小组，模拟公共政策出台的政策听证会现场，由学生扮演不同的角色，从政策主体或政策客体的视角去分析公共政策的利弊。模拟练习教学方法使学生主动地参与教学过程，加强师生之间、生生之间的相互合作与交流。模拟教学的意义在于创设一种和谐的、身临其境的教学环境，拓宽教学渠道，增强教学的互动性，构架起理论与实际相结合的桥梁，促进教学相长。

第二节　教学环节

一、理论教学

1. 课堂教学

课堂教学是教育教学中普遍使用的一种手段，它是教师给学生传授知识和技能的全过程，主要包括教师讲解，学生问答，教学活动以及教学过程中使用的所有教具。课堂教学是把年龄和知识程度相同或相近的学生，编成固定人数的班级集体；按各门学科教学大纲规定的内容，组织教材和选择适当的教学方法；并根据固定的时间表，向全班学生进行授课的教学组织形式。

在公共事业管理专业的教学环节中，课堂教学是教学活动的基础，是知识的主要传播手段。在各门课程的教学中，课堂教学是主要的形式，是将本专业知识体系进行传授的主要平台。

2. 课堂作业

作业是教学过程中一个不可缺少的环节，也是学生学习过程中一个重要的组成部分。在《教育大辞典》中，作业被分为课堂作业和课外作业两大类。所谓课堂作业，就是教师在上课时布置学生当堂进行操练的各种类型练习。有书面作业、口头作业、实际操作练习等。其作用在于加深和加强学生对教材的理解和巩固，进一步掌握相关的技能技巧，教师也能从中及时发现学生知识或技能缺陷，作必要的纠正。

在公共事业管理专业的课程体系中，公共经济学、卫生经济学的课堂作业中包含了较多的练习题目，卫生统计学等课程的课堂作业包含上机操作的内容，公共管理学、公共政策学的课堂作业往往是对一些问题的讨论。

3. 课后答疑

答疑是大学理论教学中的一个辅助性项目，由任课教师或助教回答学生关于当前所学课程内容的疑惑或问题。答疑和习题作业相比，具有不同的特点，主要体现在以下几个方面：① 答疑是由学生提出具体的问题，由任课教师或助教进行有针对性的回答；② 答疑过程中，教师与学生的互动性比较强，基本上是一对一的直接交流；③ 答疑形式比较自由，对教师的教学规范要求较少；④ 答疑时间不记入教学工作量中，带有某种义务性质。

与答疑密切相关的一种教学方法是"问题解决教学法"，是通过问题来学习，它把教学看成是一个不断地（包括课堂内外）发现问题，提出问题，分析问题和解决问题的过程。现代教学方式也特别强调问题在教学活动中的重要性，一方面强调通过问题来进行学习，把问题看做是学生学习动力、起点和贯穿教学过程中的主线，另一方面通过教学来生成问题。

将问题解决教学法应用到公共事业管理专业的教学过程中,特别强调培养学生的问题意识,使学生不断地发现问题、提出问题,带着问题去学习,从而激发学生强烈的学习愿望,积极主动地投入到学习中去,最终培养出解决问题的思维和能力。

二、自主学习

自主学习是与传统的接受学习相对应的一种现代化学习方式。以学生作为学习的主体,通过学生独立的分析、探索、实践、质疑、创造等方法来实现学习目标。自主学习强调培育学生强烈的学习动机和浓厚的学习兴趣,从而进行能动的学习,即主动地自觉自愿地学习,而不是被动地或不情不愿地学习。

因此,"自主学习"这一范畴本身就昭示着学习主体自己的事情,体现着"主体"所具有的"能动"品质;学习是"自主"的学习,"自主"是学习的本质,"自主性"是学习的本质属性。学习的"自主性"具体表现为"自立"、"自为"、"自律"三个特性,这三个特性构成了"自主学习"的三大支柱及所显示出的基本特征。

公共事业管理工作所要面对的现实社会纷繁复杂,需要学习者和从业者具备尽可能广泛的知识背景,在这种情况下,完全依靠课程体系内的学习是不够的,要求学习者根据自己的兴趣和社会的需要不断地自主学习。要取得良好的自主学习效果,要做好以下几点:

① 建立目标意识。确立一个明确的目标,有利于学习中的坚持。目标的来源,可以是兴趣,比如学习经济学;也可以是现实的需要,比如考取资格证书。

② 确定范围。从所用的教材到知识面的拓展范围要事先确定,原则上不能改动。不能今天以这为主,明天又改成以其他为主。

③ 注重学习过程。要根据学习的任务制订学习计划,并严格按照这个计划开展学习,这对自主学习的效果有至关重要的影响。

④ 注重学习的氛围和环境。根据自身的情况,可以单独学习,也可以和

志同道合者一起学习,尤其是后一种方式可以提供相互的支撑。

⑤ 自我检查和对比反省。通过与其他同学的比较或是自己对学习进度和效果的检查,找出自主学习中出现的问题和漏洞并改正。

⑥ 养成做记录的习惯。做学习记录既有利于思考和总结、归纳问题,加深对学习内容的理解和记忆,又可以把学习内容中的重点记录下来,便于以后查阅和复习。

三、实践教学

1. 实验教学

实验教学,是指学生在教师的指导下,使用一定的设备和材料,通过控制条件的操作过程,引起实验对象的某些变化,从观察这些现象的变化中获取新知识或验证知识的教学方法。在物理、化学、生物、地理和自然常识等学科的教学中,实验是一种重要的方法,在管理学科中,实验对于掌握相关的知识和技能也有重要作用,一些课程也有专门的实验教学内容。公共事业管理专业主要的专业实验有:

(1) 管理信息系统

实验目的:了解管理信息系统的作用,掌握管理信息系统的结构原理,熟悉其一般操作流程。

实验内容:管理信息系统的整体认识;数据库实验;系统流程分析与设计;ERP 系统的结构认识和初始化;ERP 系统运作。

实验方法:计算机操作。

(2) 公共部门人力资源开发与管理

实验目的:通过实验课程的学习,使学生能熟悉公共组织人力资源开发与管理操作的方法。软件的应用、实践性和互动性使得学生能够亲为,以从事人力资源管理者的角色去仿真地操作,在每一步的操作过程中了解和掌握该步骤的基本知识和基本技能,从而达到对人力资源开发与管理相关业务的基本掌握。

实验内容:人力资源素质测评、模拟招聘面试、模拟员工培训等。

实验方法：计算机模拟操作等。

（3）公共组织财务管理

实验目的：通过实验课程的学习，能够使学生掌握公共组织资金预算、资本筹集以及资本结构等财务活动及其与之相关的财务关系，明确公共组织的目标和财务管理目标。要求学生运用比较法，使学生对公共组织资金的财务管理同营利组织相比，更加全面掌握公共组织管理体系和分析规范，从而懂得如何有效安全地运营公共组织的资金。

实验内容：公共组织财务比率综合分析、公共组织资本结构决策、公共组织营运资本需求、公共组织财务分析。

实验方法：计算机操作。

（4）电子政务

实验目的：使学生了解电子政务的内涵、电子政务的模式，熟悉政府间电子政务（G2G）、政府对企业的电子政务（G2B）、政府对公民的电子政务、电子政务系统的总体框架等内容。

实验内容：发送上行文、平行文发送签收和退文、政务信息内部发布与上报、公文分拣、OA公文办理及下行文签收、下行文发送与接收、行政审批等内容。

实验方法：计算机操作。

（5）市场调查与预测

实验目的：掌握市场调查与预测的基本方法及应用技术。

实验内容：市场调查方法、调查方案设计、调查问卷设计、抽样调查技术、数据处理与分析等。

实验方法：计算机操作。

（6）卫生统计学

实验目的：使学生在掌握统计学基本原理与方法的基础上，培养学生选择正确的统计学方法解决卫生管理中的相关问题，根据计算机操作结果进一步作出统计学结论，并根据统计学结论得出专业性结论。

实验内容：一般性统计描述、t检验、χ^2检验、方差分析、秩和检验、回归与相关。

实验方法：操作演练、实验室上机练习。

（7）保险学原理

实验目的：通过模拟实验，使学生熟悉保险业经营管理的全过程，对保险经营与管理有感性认识，熟悉保险承保、核保、理赔等程序。

实验内容：模拟人身保险、财产保险、健康保险的投保、保单签发、审核、保险理赔以及保险展业等内容。

实验方法：计算机操作。

2. 实习

所谓实习，可以理解为在实践中学习。在经过一段时间的学习之后，或者当学习告一段落的时候，需要了解自己的所学知识应当如何应用在实践中，要付诸实践来检验所学。实践教学的实习分为教学实习和毕业实习。

（1）教学实习

实习目的：了解社会调查的一般程序和方法，学会撰写调查报告。

主要内容：在老师指导下对医药卫生管理等领域展开有针对性的调查研究，形成综合的调查报告。

安排与要求：第七学期由各带队老师指导完成，1周时间。

（2）毕业实习

实习目的：通过毕业实习加深对本专业知识的理解，加强理论联系实际，提高实际操作能力，培养良好的职业技能和职业素质。

主要内容：自主或由学院安排在医药卫生管理等领域实习，并通过具体事例和亲身经历对实习进行总结。

安排与要求：在第八学期完成，时间不少于15周，实习结束后学生应提交符合规范的实习报告。

3. 社会实践

社会实践对大学生的就业有着很大的促进作用，是大学生成功就业的前提和基础，对于在校大学生具有加深对本专业的了解、确认适合的职业、为向职场过渡做准备、增强就业竞争优势等多方面意义。

实习的目的是为了检验学习成果,社会实践的目的则较为多样。主要出于经济目的,可以选择在校勤工俭学、家教、打零工;出于认识了解社会的目的,可以选择做义工、支教、支农,既锻炼了能力,又奉献了爱心;出于就业的目的,可以选择与公共事业管理专业相关的单位参观、调研或工作实践(包括有偿和无偿)。

4. 毕业论文

毕业论文是需要在学业完成前写作并提交的论文,是教学或科研活动的重要组成部分。本科毕业论文(学士学位毕业论文)的主要目的是培养学生综合运用所学知识和技能,理论联系实际,独立分析,解决实际问题的能力,使学生得到从事本专业工作和进行相关的基本训练。毕业论文应反映出作者能够准确地掌握所学的专业基础知识,基本学会综合运用所学知识进行科学研究的方法,对所研究的题目有一定的心得体会,论文题目的范围不宜过宽,一般选择本学科某一重要问题的一个方面。

毕业论文的基本教学要求是:

① 培养学生综合运用、巩固与扩展所学的基础理论和专业知识,培养学生独立分析、解决实际问题的能力,培养学生处理数据和信息的能力。

② 培养学生正确地理论联系实际的工作作风,严肃认真的科学态度。

③ 培养学生进行社会调查研究;文献资料收集、阅读和整理、使用;提出论点、综合论证、总结写作等基本技能。

毕业论文是毕业生总结性的独立作业,是学生运用在校学习的基本知识和基础理论,去分析、解决一个公共事业管理实际问题的实践锻炼过程,也是学生在校学习期间学习成果的综合性总结,是整个教学活动中不可缺少的重要环节。撰写毕业论文对于培养学生初步的科学研究能力,提高其综合运用所学知识分析问题、解决问题能力有着重要意义。

四、学习方法建议

1. 课前预习

课前预习是提高听课效果的一个重要策略。课前预习就是每节课前把本次课将要讲授的内容进行预习，初步熟悉课程内容，找到听课和理解的重点、难点、疑点，记下自己的困惑之处、薄弱环节，带着问题进课堂，以期在课堂学习中得以解决。课前预习是掌握听课主动权的主要方法，预习中要把不理解的问题记下来，听课时增加求知的针对性。既节省学习时间，又能提高听课效率，是学习中非常重要的环节。

具体的学习方法有：

（1）目标学习法：教学内容是由许多知识点构成，由点形成线，由线完成相对独立的知识体系，构成彼此联系的知识网。因此通过课前预习，明确学习目标，可以在上新课时了解本课知识点在知识网中的位置，在听课时着重从宏观中把握微观，有利于知识点的理解。

（2）问题学习法：学生带着问题去看书，有利于集中注意力，目的明确，这既是有意学习的要求，也是发现学习的必要条件。在课前预习时去寻找问题，以便在听课时在老师讲解该问题时集中注意力听讲，有助于解除疑惑。

2. 课中听讲

学生课堂上力争理解老师所讲内容，经过认真思考，消化吸收，变成自己的东西。上课时要集中精力，全神贯注，在课堂上要尽最大可能地跟着老师的思路走，尽可能使自己保持积极的听课状态，对于老师所讲的重点、难点、疑点要认真思考，通过听讲来解决预习时提出的问题，深化对问题的理解；通过听课来检查和锻炼自己的思维。

在课堂上要积极地思考，勇于发表自己的观点和看法，使老师了解你现有的思维水平。此外，对老师强调的要点、难点和独到的见解，要认真作好笔记。做笔记不能成为对教师内容的机械复制，它同时是一个思考的过程。记笔记的过程必须科学分配自己的注意力，针对科目的难易有所侧重：对于较难的科目，可以50%的时间听讲，50%的时间记笔记；对更注重灵活性和创造性的科目，90%的时间听讲，10%的时间记下提纲就足够了。

具体学习方法有：

（1）联系学习法：联系学习法的实质不能理解为仅仅只是一种迁移。迁移从某种意义上说是自发的，而运用联系学习法的学习是自觉的，是发挥主观能动性的充分体现,它以坚信知识点必然存在联系为首要前提,从而有目的地去回忆、检索大脑中的信息,寻找出它们间的内在联系。在听课时,要及时将教师的讲课内容与自身的已有知识进行联系,从而更好地理解和掌握新知识和原有知识。

(2)归纳学习法:所谓归纳学习法是通过归纳思维,形成对知识的特点、中心、性质的识记、理解与运用。当然,作为一种学习方法来说,归纳学习法崇尚归纳思维,但它不等同于归纳思维本身,同时它还要以分析为前提。在听讲过程中,在教师对知识进行归纳的基础上,还要自己进行主动地归纳,以利于自己对知识的理解。

3. 课后复习

课后及时复习,是巩固所学知识必不可少的一环。及时对听课内容进行复习,进行积极的回忆和必要的重新学习,以加深对学习内容的总体理解,减少遗忘。复习中要认真整理课堂笔记,对照课本和参考书,进行归纳和补充,并把多余的部分删掉,经过反复思考写出自己的心得和摘要。

根据遗忘发生的规律,可以采取适当的复习策略来克服遗忘,即在遗忘尚未发生之前,通过复习来避免遗忘,所以,在复习时要注意复习的时间安排。根据有关研究,有效的复习时间安排是:第一次复习,学习结束后的5~10分钟。第二次复习,当天晚些时候或第二天。第三次复习,一星期左右。第四次复习,一个月左右。第五次复习,半年左右。

具体学习方法有:

(1)缩记学习法:所谓缩记法就是要尽可能地压缩记忆的信息量,同时基本上又能记住应记的内容。比如有要点记忆法、归纳记忆法、意义记忆法,都属压缩记忆法。记住了要点并不是要放弃其他内容,而是以对其他内容的理解为前提,它可极大地增加记忆的信息量。

(2)思考学习法:课后复习有较为充裕的时间可以对所学知识进一步思考,要在学习的基础上认真深入进行思考,把学习与思考结合起来。把外在的知识和事件与自己切身经验结合起来进行思考,既用自己的经验来思考知识与事件,又用知识与事件来思考自己的经验,不断地交换位置和方向,达到理解和重新理解知识、事件和经验的目的。

4. 作业和考试

作业是巩固消化知识,考试是检验对所学知识掌握的程度,它们都起到了及时找出薄弱环节,加以弥补的作用。做作业要认认真真,举一反三,触类旁通,要养成良好习惯;考试要有正确态度,不作弊,不单纯追求高分,要把考试作为检验自己学习效果和培养独立解决问题能力的演练,结合考试的准备对所学内容进行复习,在理解的基础上进行记忆和理解。

(1)循序渐进法:量变的必然结果是质变,对知识的反复练习可以最终实现对知识的熟练掌握和升华。因此,应围绕中心知识框架不断完善自己的知识结构,通过完成作业对知识进行反复联系,向纵深发展,培养自己研究性学习的能力。

(2)持续发展法:用发展的观点看待学习问题,也就是我们所提倡的持续发展法。可持续发展首先是观念上的要求,只有这样的学习观,才会有这样的学习方法。考试不是目的,而是检验知识掌握的手段,通过考试的检验,发现不足,在以后的学习中加以改正。有了这样的学习观念和学习方法,才能从根本上消灭死记硬背、只求通过考试的倾向。

五、考核要求

课程考核应坚持公平、公正、诚实、严谨的原则。凡属培养方案规定的课程都要进行考核,各类见习、实验(训)、课程设计等实践性教学环节按相应的规范进行考核。

1. 平时考核与期末考核

(1)平时考核:一般没有严格的时间界限,方法程序上也没有严格的规定。平时考核主要包括:学生到课与听课、作业提交与完成、质疑与提问、实践环节、测验、期中考试等,平时考核方式和成绩的评定应在课程教学大纲规定的框架内,由主讲教师自行制定。

(2)期末考核:课程主讲教师(课程负责人)要根据课程特点和目标要求,选择适当的考核方式。期末考核的考核方式分为考试课程和考查课程两种。

2. 考试与考查

教师应按照人才培养方案中规定的考核形式组织考核,期末考试的课程一般为三至五门。教师要根据课程的性质、特点、内容和教学要求,选用恰当的考核方法,鼓励教师进行课程考核方法的改革。

(1)考试:是一种严格、标准的知识水平评价方法,要求考生在规定的场所、规定的时间,按规定的要求和标准,完成规定的作业任务,以评价其课程的学习效果。考试类型标记为"考试"的课程,只能采取考试的考核方式。考试课程的考核,需要在教务处的组织下由非任课教师出试卷,教研室主任和学院领导审核把关。

(2)考查:是可灵活选择考核方式和方法,完成所要求的作业任务。考试类型标记为"考查"的课程,可以采用多种考核方式,具体由主讲教师确定,一般可以以论文、演讲、讨论、综合练习、综合设计等方式进行。

3. 计分方式

一般来说,考试课程采用百分制评定成绩,考查课程采用五级制(优秀、良好、中等、及格、不及格)评定成绩。

(1)百分制:就是指满分为100分的考试,60分以上算及格,60分以下算不及格。

(2)等级分制:一般采取5个等级的等级分制,分别为:优秀、良好、中等、及格、不及格。

百分制与五级制的换算:90～100分为优秀;80～89分为良好;70～79分为中等;60～69分为及格;60分以下为不及格。

(3)分数与绩点:考试成绩在60分以下绩点为0,60分绩点为1,每增加1分绩点增加0.1;考查成绩不及格绩点为0,及格绩点为1,中等绩点为2,良好绩点为3,优秀绩点为4。

$$平均学分绩点 = \frac{\sum(课程绩点 \times 课程学分)}{\sum 课程学分}$$

4. 成绩评定办法

课程考核总成绩由平时成绩和课程结束考核成绩两大部分构成。平时成绩由课程教师根据各门课程的特点采用多种恰当的考核方法，加强对日常学习过程考核。过程考核应明确考核内容和评定标准，并具有可比性。平时成绩与课程结束考核成绩的比例由课程负责人根据课程的性质、特点、内容和教学要求提出，学院确定。一般同一门课程的多个平行教学班级，使用相同的课程成绩评定方案。任课教师应在开课初向学生公布课程考核形式和成绩评定办法。

含有实验(训)教学内容的课程，可按理论、实验的学时数折算理论教学与实验教学成绩的百分比。

独立设置的实验课单独考核，单独评分。

第六章

公共事业管理专业毕业、就业及继续教育

本章介绍了公共事业管理专业大学本科毕业生应具备的基本素质、知识体系和能力素质要求,通过考察该专业历届毕业生的社会需求、就业去向和就业前景,分析该专业大学本科毕业生就业中遇到的问题和可能的原因。同时,在最后部分,给希望继续进行研究生教育深造的同学一些参考意见。

第一节 毕业要求

一、毕业考核

从某种意义上讲,公共事业管理是一种狭义的"公共管理",包括教育、科学、文化、体育、人口、卫生、资源与环境保护、社会保险等公共事业,以及水、电、煤气、邮电、通讯、公共交通等公用企业的管理。

就公共事业管理专业的管理对象特征而言,公共事业管理专业的人才应具有以下特征:① 具有公共服务的意识。社会的发展、公众的整体利益的实现、协调个体利益与社会整体利益的关系,创造良好的社会环境是公共事业管理组织的宗旨。这要求从事公共事业工作的管理者要具有为公共事业服务的意识,将服务公众与社会作为公共事业管理工作的核心。② 具有社会化的管理责任。市场经济条件下,个体行为与公众整体利益之间存在着目标的一致性与实现方式的矛盾与冲突,个人利益在实现的过程中,主观上追求自身利益的"最大化",客观上又从社会及公众利益整体上为其提供保证、支持与协调,对有损于社会及公众利益整体的行为予以约束和限制,这就要求公共事业管理工作既要立足于整个社会以推动社会的进步与发展,又要从整体的角度保证个体的正当利益的实现。③ 具备综合的知识结构和全面的管理能力。公共事业管理专业具有明显的跨学科特征,涉及多门社会科学和自然科学的学科,如经济学、教育学、法学、管理学、统计学等。

而且公共事业管理面对的问题涉及社会发展、公众利益、个人利益三个不同的层次,涵盖广泛的领域,服务对象涉及各个领域、各个行业、各个部门及各类公众,其操作具有复杂性,这就要求公共事业管理人才具有全面的综合素质,思维敏捷,善于观察事物的本质特征与把握大局,具有开拓与创新能力,具有全面的管理才能。

1. 德育要求

由于本专业的就业性质,在学生的德育方面较其他专业要求更高更严。要求学生认真学习马列主义、毛泽东思想和邓小平理论,坚持四项基本原则,努力学习政治和党的方针政策,提高政治思想觉悟,培养共产主义道德品质。遵纪守法,重视职业道德修养的提高,讲究文明礼貌,牢固树立全心全意为人民服务的观念,树立为社会主义现代化建设事业服务的观念。

2. 课程、学分考核

本专业的学制为四年,在学制期内,学生须按培养计划要求修读课程,总学分达到要求,学位论文通过答辩方可毕业。全部修读课程分为管理学基础课程、经济学基础课程、公共事业管理专业基础课程、集中实践教学环节等课程类型；课程修读类型分为必修课和选修课，选修课分为限选课和任选课两个部分，限选课必须修满规定的学分，限选课多选可替代任选课的学分。

3. 毕业实习考核

毕业实习是大学教育的最后一个极为重要的实践性教学环节，通过较长时间的实习，使学生走向社会，接触本专业工作，拓宽知识面，增强感性认识，培养、锻炼学生综合运用所学的基础理论、基本技能和专业知识，去独立分析和解决实际问题的能力，把理论和实践结合起来，提高实践动手能力，为学生毕业后走上工作岗位打下一定的基础；同时可以检验教学效果，为进一步提高教育教学质量，培养合格人才积累经验。

通过毕业实习的实际操作训练，培养管理能力，发展智力，巩固和掌握公共事业管理专业的基本理论、基本知识和基本技能，提高实际工作的能力。总体来说，毕业实习应提高和锻炼以下的基本素质和能力：

① 巩固和掌握公共事业管理方面的基本理论、基本方法和基本技能。

② 熟悉公共事业管理的具体环节；熟悉公共部门管理工作规范及工作程序。

③ 提高英语的阅读、听力和会话能力。

④ 强化计算机操作，提高运用计算机开展业务工作的能力。

⑤ 提高文书写作能力。

⑥ 提高人际交往能力、组织协调能力、合作能力。

4. 毕业论文考核

毕业论文考核是为了：① 进一步巩固加深学生的基础理论、基本技能和专业知识，通过毕业论文（设计）训练，使之系统化、综合化。② 使学生获得从事科研工作的初步训练，培养学生的独立工作、独立思考和综合运用已学知识解决实际问题的能力，尤其注重培养学生独立获取新知识的能力。③ 培养学生的文字表达、文献查阅、文件编辑、研究方法、数据处理、计算机应用、工具书使用等基本工作实践能力，使学生初步掌握从事科学研究的基本方法。④ 使学生树立适应社会主义市场经济要求的正确设计思想和观点；树立严谨、负责、实事求是、刻苦钻研、勇于探索、具有创新意识、善于与他人合作的工作作风。

总体而言,公共事业本科教学的培养目标是培养能熟练掌握管理知识和能力的实用型高级管理人才。国家教育部对公共事业管理专业人才提出的具体目标是:培养具有现代管理理论、技术与方法等方面的知识以及运用这些知识的能力,能在文教、科技、体育、卫生、环保、社会保险等公共事业单位从事管理工作,具有规划、管理、组织和决策方面的基本能力。通过四年的学习,公共事业管理专业的学生应具备的基本知识和能力包括:掌握管理学、经济学、社会科学等现代科学的基本理论和基本知识;具有适应办公自动化、应用管理信息系统所必需的定量分析和应用计算机的技能;具有进行质量管理、数据的分析和处理,进行统计分析的基本知识和能力;熟悉我国有关的法律法规、方针政策以及制度;具有较强的社会调查和写作能力;掌握文献检索、资料查询的基本方法,具有初步的科学研究和实际工作能力;具有较强的思维创新能力和自我学习能力和人际协调、沟通能力。

二、毕业流程

本专业学生修满规定学分,完成毕业实习和毕业论文(设计),并通过答辩,达到学位授予的有关规定,授予管理学学士学位。

第二节　就业前景

党的十八大召开以后,随着我国市场经济体制改革的全面深化,特别是以政府职能转变为突破口的政治体制改革的推进,以及社会管理创新的展开,公共事业管理作为一个新专业,正面临着十分强烈的社会需求,并且需求量不断提升,可谓"朝阳专业",发展前景十分广阔。

根据公共事业的特点和市场定位,公共事业管理专业的就业去向为:党政机关、基层组织、社区、社会团体、司法、大中型企事业管理部门,大中专院校、科研、宣传、新闻出版、广播等文化事业单位，社会有关管理咨询机构，医院、卫生行政部门、社区卫生服务中心等卫生事业相关机构等。涵盖党政机关、文化、教育、体育、卫生、市政、城市管理、环保、社会保障、社会团体、社会保险等各类公共事业领域。可以说，公共事业管理专业的就业行业领域非常广阔，毕业生可以有充足的选择余地和空间。公共事业管理专业的人才培养也在根据社会现实进一步拓宽培养目标，进行多元化人才的培养，引导学生面向不同的社会需求进行就业。目前，无论从社会发展对人才的总需求，还是从毕业生就业和进一步深造来看，公共事业管理专业的发展前景都十分好。

在具体的就业去向和岗位方面，包括以下类别：

一、就业领域

1. 政府及党政机关

尽管公共事业管理与行政管理在面向对象与培养目标上有一定的区别，但在当前公务员凡进必考的法律规定下，公共事业管理专业毕业生的一个极其重要的出路仍然是考公务员，且在考试中占有一定程度的优势。高素质的政府机构工作人员和公共事业管理队伍，能提升一个民族乃至一个国家在国际上的地位。

改革开放以来，尤其是20世纪90年代末期以来，随着我国社会主义市场经济体制逐步确立并不断完善。在市场经济改革的推动下，我国社会管理的方式不断变革，政府职能也在转变，文教、体育、卫生、环保、社会保障等公共事业作为独立的社会组织以其特殊的职能正在社会生活中的各个层面日益发挥着更加重要的作用。继经济体制改革、政府体制改革之后，事业组织管理体制也面临改革。

要建立政事分开、管理自主科学、面向社会、独立的社会主义事业单位，首先离不开众多的高层次的公共事业管理人才。我国长期以来在高度计划体制下，行政管理与公共事业管理在管理范围上是混淆的，政事不分、事企不分、效率较低、财政不堪重负，许多不应由政府直接管理的公共事业由政府管了，而应该由政府财政提供的公共物品（例如农村教育、社会保障、防治水土流失等)又被遗漏在公共管理范围之外。政府机构改革,就是要通过缩小政府规模,扩大社会公共事业管理范围,达到转变政府职能、提高政府效率的目标。

高素质的政府机构工作人员和公共事业管理队伍,能提升一个民族乃至一个国家在国际上的地位。可以肯定的是,我国未来的国家管理机构队伍中将会越来越多地出现公共事业管理专业培养的高级专门人才。

2. 公共事业管理部门

目前,我国的事业单位是我国各类组织中仅次于企业组织的第二大类组织。事业单位涉及我国诸多行业,但教育、卫生、科研、文化、农林水利、城市公用事业等行业的事业单位数量名列前茅。21世纪初,我国全民所有制事业单位有130多万个,事业单位的总人数接近3 000万,其中教育事业人数将近一半,科研、医疗、文化等所占比例也较大(即通常所说的"科教文卫体")。这些公共事业单位实际上是公共事业管理专业人才最"对口"的去向,但目前也实行"凡进必考",实际上并未吸纳该专业的大部分毕业生,这也是目前管理类乃至整个文科毕业生的就业现状。随着公共事业管理专业化需求的提升,特别是中国越来越深入地进入专业化社会以后,公共事业单位将是公共事业管理专业人才越来越重要的就业去向。其中医学类公共事业管理专业毕业生的就业也进一步拓展到卫生管理、医院管理、医药经营管理、药品推销、医疗保险、医疗咨询、医疗器械推广、医药法学、医药国际贸易、医药情报信息管理等医药卫生事业相关的岗位。

3. 公共企业

我国的公共企业绝大多数为国有企业,尽管以企业形式进行管理运行,但却又因是关系国计民生的公共产品或经济命脉所在,往往在市场上缺乏竞争者而处于垄断地位。因为目前高校并未开设公共企业管理专业,公共事业管理专业特别是相关方向(如公共部门人力资源管理方向)的毕业生跟企业管理、工商管理专业的毕业生一样,也是公共企业管理岗位需求的专业人才。实际上,目前高校公共事业管理专业毕业生的就业方向主要是在企业,占六七成以上。就目前的就业现状来看,公共管理事业管理专业的很多学生毕业后在企业从事助理、文秘、人力资源管理、行政管理、销售管理、业务代表等方面工作,因为较为综合的素质和能力,往往可以脱颖而出,有较好的晋升和发展空间。

4. 社会服务性组织

尽管非营利性组织和社会团体是公共事业管理专业学生的比较"对口"的就业去向,但必须承认,公共事业管理专业的开设和发展速度超过了该类组织吸纳该专业的毕业生的能力。在该专业开设初期,各类非营利性组织和社会团体发展不成熟、人员少、规模小,没有办法吸纳很多该专业的毕业生。且整个社会对该类社会服务性组织的认识也不足,由于国家对该类组织的模糊乃至不积极支持的政策,公共事业管理专业毕业生一开始对到该类组织进行就业也存在一定的疑虑。但是随着政府职能的转变,社会组织的登记、管理将逐渐放开,并成为重要的社会力量。党的十八大明确提出"加快形成政社分开、权责明确、依法自治的现代社会组织体制"的政策信息,李克强总理更多次强调"市场能办的多放给市场,社会能做好的交给社会,政府管好应管的事",凡适合市场、社会组织承担的,都可以通过委托、承包、采购等方式交给市场和社会组织承担,政府办事不养人、不养机构。社会组织将迎来前所未有的发展机遇,各种介于政府和企业之间的社会组织,如各种事业单位、非营利组织、社会团体、民办非企业单位等都获得了广阔的发展空间,这也必将大大促进公共事业管理专业的发展。如南京市2009年招录1 000名社区工作者,大批公共事业管理专业学生凭借专业知识和职业技能顺利考取,充实了社区工作者的队伍。可以预言,随着社会组织发展成熟度的提高,社会组织将渐渐成为公共事业管理专业的学生重要的就业渠道。

5. 社区管理与服务

在市场经济条件下,随着大多数的社会成员由"单位人"向"社会人"的转变,城市社区在人民生活中的作用越来越突出。与我国城市社区的蓬勃发展相比较,社区管理机构需要的高素质管理人才却严重缺乏,社区管理人员的学历、年龄、专业背景极其不适应需要,管理方式极其落后。据2005年的统计数据,在社区管理干部中,有大专以上学历者不足8%,高中以下学历者占到了50%以上,年龄在50岁以上的高达62%,来自于下岗、失业人员的比例高达 30% 以上,且有相关专业背景的人员比例不足 1%。近年来,随着部分城市及经济发达地区招考大学生担任社区干部,社区管理人员的总体学历、素质有所提升,但以具备现代管理思想和意识的高素质人才来对现有社区管理队伍更新换代应是当务之急。据广州、南京、北京、上海等大城市人才市场预测,今后相当长一段时期内,社区合格管理人才的需要量每年至少在 2 000 人以上,并将不断扩大。具体而言,公共事业管理专业人才的社区管理服务就业岗位包括基层人力资源和社会保障管理、基层文化科技服务、基层民政、托老托幼助残服务、基层市政管理、基层农业服务以及其他基层社会管理和公共服务岗位等。随着高等教育从大众化向普及化的迈进,越来越多的毕业生到基层社区乃至农村工作,基层社区管理与服务工作将成为公共事业管理专业毕业生重要的就业去向。

除了上述常见的就业去向,公共事业管理专业的毕业生因其综合型、应用型的人才培养特点,该专业的毕业生有广阔的择业空间,"万金油"这个对该专业的比喻一定程度上说明了该专业就业方向的丰富性。但是需要指出的是,尽管公共事业管理属于新兴的朝阳专业,但由于短时间内开设该专业的高校迅速增多,加上部分高校盲目扩招,为该专业人才的就业带来一定的恶性竞争,2004—2007 年,该专业毕业生年终就业率仅在 70% 左右,低于全国平均就业率水平。教育部的数据显示,2008 年公共事业管理专业毕业生达到 10 000～20 000 人。经过近些年来的专业调整与控制,该问题得到一定的缓解,根据有关权威统计机构统计分析,公共事业管理的毕业生平均年终就业率达到 80%。可以预见,随着专业设置、培养的理性回归,高校人才培养规模的调整,以及市场竞争引起的自然淘汰和社会认可度的逐渐提升,公共事业管理专业将成为有志于从事该领域工作的学生的极佳选择。作为朝阳专业,公共事业管理专业的就业前景将渐渐变得广阔。

二、就业前景

1. 公共事业管理专业人才的社会需求

随着社会经济的迅速发展,市场对于人才多样化的需求也越来越强烈,专业发展必须跟上社会需求的变化。公共事业管理专业正是根据社会发展、公共事业管理变革的需要而设置的。在"科、教、文、卫、体"五个大的专业方向上又分化成若干小的专业方向，因此，公共事业管理专业的就业方向是多样化的，就业机会也是多元化的。

自我国加入WTO后，无论是政府还是非政府组织都需要高素质的公共事业管理人才。其一，许多原先由政府经营的公共事业项目开始了私营化改革，社会资本开始注入这些准公共组织，急需大量的公共事业管理人才；其二，社会的发展带来了更多的公共事务，公共事务的复杂性要求高素质的公共事业管理人才来应对，作为公共事业管理主体的政府部门需要各层次的公共管理人才。因此，公共事业管理改革发展迫切需求高素质的公共事业管理人才。

与公共事业管理改革发展的强烈需求形成对比的是公共事业管理专业人才的严重缺乏。根据调查显示，目前公共事业管理人员比较多的并不是来自本专业，他们没有相关的学习经历或资质，另外有的跨度还相当大。在这些公共组织中有许多还停留在传统的行政管理方式上，机构十分臃肿，办事效率比较低。这种状况已严重影响和制约经济社会的发展。公共企事业单位、党政机关、社会团体以及文教、体育、卫生、环保等公共组织已经不能再把个人看作只是通过简单的选拔与培训就可以很容易填补工作的组织的一员，他们应该被看成公共组织的重要资源。在本质上，他们的能力、技能和学识已成为组织竞争能力的重要组成部分，并且已成为公共组织的适应性和学习能力的核心。这就需要高等教育培养更多专门的公共事业管理的高级专门人才。随着市场经济的发展和中国加入WTO，我国政治体制改革和政府机构改革的逐步深入，许多社会事务将由公共管理组织来完成，公共事业管理人才的严重缺乏已日益显现，因此，给了公共事业管理专业教育极大的发展空间。迫切需要高校在公共事业管理专业学科建设中，积极拓展市政工程、农村公共事业、社区公共事业、社会保障等公共事业管理范围，形成多方向专业培养目标。

公共事业管理专业教育在国外已相当普及，也有很长的发展历史。它对培养社会中高级管理人员起了很大的作用,但在我国,这却是个新兴学科。根据社会改革现实,并借鉴西方国家对公共事务管理的先进经验,公共事业管理专业经教育部审批作为管理学二级学科而在高校开设。1998年云南大学和东北大学率先创办公共事业管理专业,教育部在1999年5月正式批准开展MPA学位教育。在这之后,公共事业管理本科教育很快红火起来,国内许多大学纷纷设立公共事业管理专业来培养公共事业管理人才,至2001年底,我国已有132所高校建立了公共事业管理专业。2003年左右,全国开设该专业的高校已多达300多所,涉及师范类、医药卫生类、农林类、艺术类、财政类、综合类等各类院校。国家教育部对公共事业管理专业人才培养目标定位是"厚基础、宽口径",即培养具备现代公共事业管理理论、技术与方法等方面的知识,以及运用这些知识的能力,能在文化、教育、体育、卫生、环保、社会保障等各个公共事业单位从事管理工作的复合型、应用型人才。具体而言,本专业学生应掌握现代管理科学方面的基本理论和基本知识,受到一般管理方法、管理人员基本素质和基本能力的培养和训练,具备现代管理理论、技术与方法,能从事公共事业单位的管理工作,具有规划、协调、组织和决策方面的基本能力,以适应我国事业机构改革的要求,适应21世纪公共事业发展的需要。

就医药类院校而言,一方面,医药卫生管理作为公共管理的重要组成部分,干部队伍的专业化培养工作也刻不容缓。我国卫生管理队伍的非专业化现象十分普遍和严重,据2000年的资料显示,全国各类卫生管理人员总数已达60万,而90%未经过卫生管理专业培训。近些年来,这一状况正得到一定程度的改善,但仍然面临着巨大的专业人才的缺口。《中共中央、国务院关于卫生改革与发展的决定》指出:"高度重视卫生管理人才培养,造就一批适应卫生事业发展的职业化管理队伍。"进一步而言,"发展中医药"是我国卫生工作的三大战略重点之一,实现中医药现代化、让中医药走向世界更需要一支既了解现代科学技术、掌握科学管理理论与技能,又通晓中医药基本知识的职业化管理队伍。职业化管理队伍是指通过医药卫生管理专业教育(包括学历与非学历教育)培养或培训的具有医药卫生管理专门知识与技能、在卫生系统中从事医药卫生管理工作的人员。职业化管理队伍建设的基本途径是发展医药卫生管理教育,这就为医药类院校提出了培养新世纪的医药卫生管理人才的要求。

另一方面,根据教育部统一部署,原来医学院校中的卫生事业管理专业划归到公共事业管理专业,卫生事业管理作为专业方向,而不再作为独立的本科专业。然而很多卫生部门在招录人才时,大多用人单位则看是否为卫生事业管理或者是否为公共事业管理(卫生事业管理)专业。为了适应医药卫生管理领域的人才需求,同时应对行政管理专业、企业管理专业、经济管理专业等的竞争,医学类院校积极发挥自身医药卫生学科的行业优势,在公共事业管理专业的人才培养方案和课程设置中,除了注重现代管理学、经济学、法学等方面知识及其应用能力的培养外,也非常注重医药学方面知识及应用能力的培养,着重培养能在公共事业单位尤其是医药卫生领域的企事业单位(医院、卫生行政部门、社区卫生服务中心)从事管理工作的专门人才。

同时,医药类院校开设具有医药卫生特色的公共事业管理专业,也适应了我国当前现代医疗服务体系和健康产业发展的需求。一方面,随着社会的进步,生活水平的提高,人们更加关注自身的生活质量和健康水平。全方位的医疗服务将进一步被开发,医学模式由传统的生物医学模式向生物—心理—社会医学模式转变。现代医疗服务体系也随之出现,如社区服务、全科医生、家庭护理、计划生育以及临终关怀等,对医药类院校相关专业提出了广阔的需求。另一方面,随着社会主义市场经济的深入发展,医学相关行业也随之飞速发展,许多与人的生命健康有关的预防、保健、康复、咨询等单位蓬勃兴起,健康产业越来越受到社会的关注。这也对卫生事业管理方向的人才提出了新的需求。此外,我国当前正在大力发展社会基层医疗卫生服务体系,也为具有医药卫生特色的公共事业管理专业人才提供了新天地。

党的十八大召开以后,随着我国市场经济体制改革的全面深化,特别是以政府职能转变为突破口的政治体制改革的推进,以及社会管理创新(包括医药卫生体制改革)的展开,公共事业管理作为一个新专业,正面临着十分强烈的社会需求,并且需求量不断提升,可谓"朝阳专业",发展前景十分广阔。

2. 公共事业管理专业就业的影响因素分析

公共事业管理本科自1999年开设以来，已经为社会培养了大批公共事业管理高级专门人才，但是本专业的就业情况却不理想，未能实现教育部所设计的在文教、体育、卫生、环保、社会保险等公共事业单位行政管理部门从事管理工作。在麦可思公司统计的2010、2011、2012届本科生毕业半年后的就业率统计来看，公共事业管理专业2010、2011、2012届本科生毕业半年后的就业率分别是88.5%，89.7%和89.8%。虽然就排名而言，公共事业管理专业的就业率在全国前100个专业中比较靠后，是第79位，但是呈现一个微弱的逐年增长的趋势。公共事业管理专业呈现的"社会需求大，就业情况不乐观"的矛盾的可能原因主要有：

（1）专业显示度低：由于宣传不到位，从政府、企业到普通民众，对该专业知之甚少。毕业生普遍反映在国家公务员招录中，很少有政府部门招考公共事业管理专业学生，即使有的招录职位与本专业很吻合，也没有列示该专业。这种现象在市（县）公务员和事业单位招录中更普遍。这使得大部分毕业生只得报考没有专业限制的职位，而这些职位往往报考的人数特别多，竞争惨烈。同时，教育部研究生专业目录中只有公共管理一级学科下的行政管理，而没有公共事业管理，因此该专业本科毕业生在攻读公共管理研究生时，面临着与行政管理专业毕业生不平等的竞争局面，也使得许多毕业生只有选择相近的专业，甚至转行报考其他专业。本来企业是吸收劳动力最多的经济体，由于对该专业的不了解，造成毕业生失去大块的就业市场。

从根本上来讲，公共事业在我国的改革和市场化进程就比其他行业起步晚，这也就导致了培养公共事业人才的公共事业管理专业发展较慢，这也是公共事业管理人才被社会用人单位了解的程度低的原因。很大一部分人将该专业人才局限地理解为管理类人才，没有和其他诸如人力资源管理、行政管理等管理类专业人才区别开来，没有重视和发挥该专业人才的专业优势，使得公共事业管理专业毕业生就业更加困难。

（2）学生对自身专业认识不足：从一定程度上，公共事业管理学是从行政学中分离出来的，以一种综合、交叉的面貌出现。在发展过程中，公共事业管理学大量地吸收了其他学科的知识和方法。所以公共事业管理专业人才的定位首先是一种复合型人才,这就要求公共事业管理专业人才必须是全能型人才,要学习各方面的知识,不断充实自己。

公共事业管理专业人才,在面对日趋激烈的社会竞争,需要不断地完善自己才能在竞争中脱颖而出,实现自己的价值。在完善自己的过程中,首先要做的就是正确的自我定位。在选择公共事业管理作为自己的专业后,要了解公共事业管理的特点。但是在专业学习过程中该专业学生往往将专业定位在一个错误的位置,就使得在整个专业学习中找不准方向。

第三节 专业相关资格证书

公共事业管理专业是培养能够在各级党政机关、企事业单位、特别是各种公共组织中从事管理工作、相关研究和教育工作的高素质人才。随着我国改革开放的不断深入和经济建设的持续发展,政府和其他公共管理部门的职能及管理手段正在发生深刻变化。公共事业管理专业主要是为国家培养现代公共管理人才,加强公共政策与管理的深入研究,以促进国家的改革与发展。目前,我国针对公共事业管理的资格证书鲜有,和其相关的证书主要涉及有工商管理领域,如人力资源管理、会计学等。在科学、教育、文化、卫生等公共事业领域有相关的资格考试和证书授予。

第四节 学历深造

有志于从事公共事业管理教育或研究工作的大学生,也可以进一步攻读学术型的硕士、博士学位,将来进入设有相关专业的高等院校、科研机构从事教学科研工作,成为从事有关公共事业管理的研究人员。

就麦可思针对 2012 届大学毕业生的调查显示,2012 届本科毕业生在读研时选择公共管理[①]大类就读的比例为 2.4%,在统计的 43 个专业类中排名第 10 位(具体数据见表 6-1)。

表 6-1　2012 届本科生毕业就读研的主要研究生专业类分布

主要研究生专业类	分布比例(%)	主要研究生专业类	分布比例(%)
电气信息类	12.8	生物科学类	1.4
经济学类	8.8	数学类	1.3
机械类	6.9	临床医学与医学技术类	1.0
工商管理类	6.8	生物工程类	1.0
法学类	4.5	统计学类	1.0
电子信息科学类	3.8	材料科学类	0.9
外国语言文学类	3.4	地矿类	0.9
材料类	3.1	仪器仪表类	0.9
土建类	2.7	植物生产类	0.9
公共管理类	2.4	地理科学类	0.8
管理科学与工程类	2.4	环境科学类	0.8
新闻传播学类	2.3	环境与安全类	0.8
中国语言文学类	2.3	体育学类	0.8
化学类	2.2	物理学类	0.8
化工与制药类	2.0	心理学类	0.8
教育学类	1.7	政治学类	0.7
交通运输类	1.6	历史学类	0.6
药学类	1.6	水利类	0.6
艺术类	1.6	地球物理学类	0.5
轻工纺织食品类	1.5	海洋工程类	0.5
能源动力类	1.4	中医学类	0.5
社会学类	1.4		

数据来源:麦可思-中国 2012 届大学毕业生社会需求与培养质量调查。

[①] 由于教育部研究生专业目录中只有公共管理一级学科下的行政管理,而没有公共事业管理,所以在研究生教育统计中,我们以公共管理大类进行统计。

在对 2012 届本科毕业生的读研动机调查发现，34% 的学生读研是因为职业发展的需要，24% 的学生是因为报考的专业就业前景好。结合我们国家社会发展对于公共部门高级管理人才的切实需求来看，公共事业管理专业的学生选择进一步深造也不失为一种很好的选择。

第七章
公共事业管理专业学习辅导

公共管理如同其他社会管理一样,具有十分悠久的历史。伴随着公共管理实践的发展,公共管理思想逐步地系统化和理论化,在此过程中,出现了大量的公共管理理论专家和实践者。本章主要从公共管理理论发展的不同阶段,介绍公共管理相关学科的理论发展与公共行政管理实践中具有较大影响力的代表人物和重要著作,以及目前进行相关研究的主流期刊和网站,为学生学习公共事业管理专业提供更为详细的参考和辅导资料。

第一节 专业名人

一、公共管理理论初创阶段代表人物

威尔逊(Thomas Woodrow Wilson,1856—1924)

美国历史上杰出的政治家、改革家和教育家,十分著名的公共行政管理学家、政治学家和历史学家。担任过美国第28

届总统、新泽西州州长和普林斯顿大学校长等职;获得美国普林斯顿大学博士学位(1886),担任大学教授(1886—1982),主要从事政治学、政府和法律方面的教学和研究工作,撰写有《国会制政体》(1885)、《行政学研究》(1887)、《国家》(1889)、《分裂与重新统一(1829—1889)》(1983)等重要学术著作。作为公共行政管理学的鼻祖,威尔逊在公共行政管理学方面的理论贡献主要体现在他那篇被誉为公共行政管理学开山之作的《行政学研究》一文中。威尔逊比较深入地分析、论证了研究国家公共行政管理和建立公共行政管理科学的重要性和必要性,较为准确地揭示了公共行政管理学研究的对象和实质,明确提出了公共行政管理学研究的目标和任务,对公共人事行政管理、公共行政监督以及公共行政道德(伦理)等公共行政管理学研究的具体内容作了阐述,尤其对公共行政管理学研究应该遵循的方法论原则提出了自己独到的见解。

古德诺(Frank Johnson Goodnow,1859—1939)

著名的公共行政管理学家、政治学家和法学家。曾担任美国哥伦比亚大学行政法学教授、美国约翰霍普金斯大学校长,著有《比较行政法》(1893)和《政治与行政》(1900)等重要学术著作。作为一名公共行政管理学家,古德诺对西方公共行政管理学的理论贡献主要体现在《政治与行政》这本篇幅不大的公共行政管理学经典著作中,古德诺扬弃了政治学上立法、司法、行政的三分法,而对威尔逊提出的政治—行政二分法做了进一步阐释和发挥,他关于"政治是国家意志的表达、行政是国家意志的执行"以及如何实现二者协调的创见对其后公共行政管理学的独立研究颇有贡献。正是《政治与行政》这本公共行政管理学经典著作,奠定了古德诺在西方公共行政管理学研究领域的不朽地位,并产生了极为深远的影响。

韦伯(Max Weber,1864—1920)

德国社会学家,一生致力于社会、经济和政治问题研究,写下了包括《经济与社会》、《新教伦理与资本主义精神》、《一般经济史》、《社会和经济组织理论》、《社会学论文集》、《政治论文集》、《科学论文集》、《国家社会学》等大量学术著作,创建了许多颇为著名的理论学说,对社会学、经济学、政治学和管理理论的发展做出了极为重要的贡献,其中对西方公共行政管理学的发展产生重要影响的便是他的所谓"官僚制"(理想的行政组织体系)理论。

泰勒(Frederick Winslow Taylor, 1856—1915)

曾获宾夕法尼亚大学理科荣誉博士学位和霍巴特学院文科荣誉博士学位,在管理方面的著作主要有:《计件工资制》(1895),《工场管理》(1903),《大学和工厂中纪律和方法的比较》(1906),《制造业为什么不喜欢大学毕业生》(1909),《效率的福音》(1911)以及《科学管理原理》(1911)和《科学管理》(1912)等。其中,以《科学管理原理》最为著名,作为"科学管理之父",泰勒的科学管理理论主要就体现在这本书内。某种意义上,可以说,正是科学管理运动的兴起,才促成了西方公共行政管理学的产生和兴盛,而对这场科学管理运动的形成起着决定性影响的乃是泰勒的"科学管理理论"。

怀特(Leonard D. White, 1891—1958)

美国早期杰出的公共行政管理学家,擅长公共人事行政管理问题研究。他首次将公共行政管理学思想系统化、理论化,为公共行政管理学搭建了一门比较完整的理论框架。怀特认为,在范围广泛的行政事务和纷繁复杂的行政现象中,必须运用科学的方法来建立知识系统和理论原则,以便为政府及其工作人员的行政管理和执法活动提供行为规范和理论指导。他一生成就卓著,主要代表作包括:《行政学概论》、《近代公共行政的趋势》、《联邦主义者》、《外国公务员制度》等。其中,1926年出版的《行政学概论》被称为世界各国公认的第一本大学公共行政管理学教科书。

二、公共行政管理理论演进过程中的代表人物

古利克(Luther Halsey Gulick, 1892—1993)

西方公共行政管理学发展历史上一位十分杰出的公共行政管理理论家和实践家。20世纪20年代获得哥伦比亚大学的政治学与公共法博士学位,并长期担任美国哥伦比亚大学市政学和公共行政学教授,著有《组织理论评论》、《行政原则》、《公共行政的下一步》和《科学、价值观与公共行政》等重要论著,并与厄威克合作编辑了著名的《行政科学论文集》一书,他曾创

建著名的美国国家公共行政研究所,长期担任所长。作为公共行政管理实践家,古利克具有非凡独特的公共服务职业生涯,曾担任财政部长顾问、美国内部事务协调人办公室教育咨询委员会主任、联合国秘书处救济与恢复行政办公室主任、白宫参谋机构的行政事务助理、纽约市宪章修改委员会委员、纽约市城市规划委员会主席以及各种外国组织和国际组织的顾问等职。他在美国公共行政领域的声望极高,被认为是美国公共行政管理的化身,被誉为"公共行政的前辈"。他的公共行政管理思想,具有一体化和实践化特征,无论对政府作用的研究还是行政功能的探讨以致对行政组织的分析,都十分注意将其置于一种整体的系统背景之下并且善于将理论和实践有机结合,他的思想被广泛运用于公共部门的组织与管理。

厄威克(Lyndall F Urwick, 1891—1983)

英国著名的公共行政管理学家,长期从事管理咨询和研究工作,著述颇多,主要有《动态管理:玛丽·派克·福莱特论文集》(1924)、《行政科学论文集》、(1937,与古利克合编)、《行政的要素》(1944)、《科学的组织原则》(1938)、《管理备要》(1956),他对西方公共行政管理学的最重要的理论贡献是他提出了一套系统化的公共行政管理原则。

福莱特(Mary Parker Follett, 1868—1933)

美国著名的女政治学家和管理学家。在政治学和管理学方面著有《新国家》、《众议院的发言人》(1909)、《创造性的经验》(1924)、《作为一种职业的管理》(1925)、《建设性冲突》、《发号施令》、《领导者和专家》、《权威的基础》、《领导的必要因素》、《协作》和《控制的过程》等重要论著,并编撰有著名的《动态行政管理》(1941)和《自由与协调》(1947)这两本论文集。她的主要理论贡献在于从人的角度,运用心理学的研究方法对行政管理问题进行了探讨并创立了动态行政管理理论,进而为所谓"正统"的公共行政管理理论向行为主义公共行政管理理论的转变架起了桥梁。

巴纳德(Chester I. Barnard, 1886—1961)

西方管理科学发展史上最早运用"系统"观点表述组织概念,并且建立了一套影响深远的组织理论体系的著名美国管理学家。他长期从事组织管理工作，曾任洛克菲勒基金会董事长等，在长期管理实践基础上创立的系统行政组织理论使他获得布朗大学等七个著名大学的荣誉博士学位。他的著述甚丰，撰写了包括管理学名著《经理人员的职能》(1938)、《组织与管理》(1948)在内的大量重要论著，其系统行政组织理论的主要观点就体现在他的那本被誉为管理学经典的代表作《经理人员的职能》一书中。

西蒙(Herbert Alexander Simon, 1916—2001)

在公共行政管理学、经济学、政治学、心理学、逻辑学以及人工智能等诸多研究领域均具有重要影响的著名学者。1943年在芝加哥大学获得博士学位，在美国卡内基－梅隆大学担任行政学、心理学、计算机科学教授，是诺贝尔奖历史上唯一的一位以非经济学家的身份获得诺贝尔经济学奖的学者。他撰有《行政行为——行政组织决策过程的研究》(1947)、《公共行政》(1950)、《组织》(1958)、《经济学与行为科学中的决策理论》(1959)、《管理决策新科学》(1960)等多部公共行政管理学经典著作。他的理论贡献主要在于对公共行政管理学所谓"正统"研究方法的批判而提出的行为主义公共行政管理理论。

林德布洛姆(Charlse E. Lindblom, 1917—)

美国著名的政治学家和经济学家，"政策分析"的创始人。他早年在斯坦福大学主修政治学及经济学，后来获芝加哥大学经济学博士学位，1946年至今，一直在耶鲁大学从事政治学和经济学的教学研究工作，任耶鲁大学社会科学院院长、社会与政策研究所所长等。他在政治学领域的研究中进行了一些开创性工作，以对政策的分析研究尤其以其提出的"渐进决策模式"享誉美国政治学界和公共政策学界。他著有《政策分析》(1956)、《渐进调适》(1959)、《决策过程》(1968)、《政治与市场——世界政治经济体系》(1977)在内的大量论著，其中，《政治与市场——世界政治经济体系》被视为20世纪最后25年内最有影响的政治学著作，并荣获美国政治学会最高荣誉奖——威尔逊政治学术奖。其主要理论贡献在于，他在理性主义决策模式的实际运用面临种种困难的背景下提出了试图弥补理性决策模式的不足的渐进决策模式,该模式实际已经成为当今世界许多国家行政决策的基本模式。

维尔达夫斯基（Aaron Wildavsky, 1930—1993）

美国著名公共行政学家和政治学家,获耶鲁大学博士学位,在加利福尼亚大学伯克利分校任教,历任该校政治系主任,公共政策研究院首任院长,美国国家行政研究院院士等。其著作涉及公共预算与财政政策、政治制度与政治行为、公共政策、社区权力与领导、政治文化以及风险分析等诸多领域,有《预算过程的政治》(1964)、《怎样限制政府开支》(1980)、《赤字与公共利益》(1989)、《预算过程的新政治》(1992)等,他的理论贡献主要体现在公共预算理论方面。

帕金森（C. Northcote Parkinson, 1909—1993）

英国著名时评作家,毕业于英国剑桥大学的伊曼纽尔学院,享有"民众行政理论家"的美称,出版了专集《帕金森定律及关于行政的其他研究》(1957)。

麦格雷戈（Douglas Murray Mc Gregor, 1906—1964）

当代美国著名的行为科学家和管理学家。在哈佛大学获得哲学博士学位后在哈佛大学任教,后转至麻省理工学院任教。他擅长社会心理学和组织管理学,出版著作《企业的人性方面》(1960)、《领导和激励:道格拉斯·麦格雷戈论文集》(1966)、《职业的经理》(1967)等,他的公共人事管理理论主要表现为他基于传统 X 理论的合理内核的扬弃而提出的以注重发挥公务人员才干和热情、重视人的行为、尊重人格为特征的"Y 理论"。

瓦尔多（Dwight Waldo, 1913—2000）

美国极具影响的公共行政学家,在耶鲁大学获得博士学位,著有《行政国家:美国公共行政的政治理论研究》(1946)、《组织与行政的新观点》(1968)、《骚乱时代的公共行政》(1971)、《公共行政的事业》(1980)等大量论著。作为西方公共行政界公认的学术大师,瓦尔多不仅在西方公共行政学发展的历史研究方面造诣很深,也是西方新公共行政运动的积极倡导者和参与者,为西方公共行政学做出了重要贡献。

三、公共行政管理理论深化过程中的代表人物

里格斯(Fred W. Riggs, 1917—   )

美国著名的公共行政管理学家和行政生态学创始人,在美国哥伦比亚大学获政治学博士学位,从事公共政策及其相关领域的研究工作。擅长比较公共行政、行政生态学以及发展行政方面的研究,并取得了《行政生态学》(1961)、《发展中国家的行政:棱柱形社会的理论》(1965)、《泰国:一个官僚整体的现代化》(1965)、《发展行政的新领域》(1971)、《重访棱柱社会》(1973)等重要研究成果,他对不同社会形态国家的社会经济结构及文化、历史与公共行政之间的相互影响进行比较研究而创立了行政生态学这个公共行政管理学的重要分支学科。

黑迪(Ferrel Heady, 1916—   )

现代西方公共行政学研究领域具有广泛影响的著名公共行政学家。在华盛顿大学获得政治学博士学位,从事公共行政管理的教学和研究工作,担任过密歇根大学公共行政研究所所长、新墨西哥大学的学术副校长和校长。其最著名的著作当数《公共行政:一个比较的视角》这本比较公共行政研究的奠基之作,奠定了其在西方比较公共行政研究领域的权威地位。

彼得(Laurence J. Peter, 1919—1988)

美国著名管理学者,他的"彼得原理"揭示了一个最基本的人事行政原则,就是知人善任、适才适用。

德罗尔(Yehezkel Dror, 1928—   )

在美国工作的以色列学者,作为国际著名的政策科学权威,德罗尔将自己创造性的理论思维同他作为"政府与公司的医生"而获得的实际经验结合起来,为政策科学的规范化研究做出了举世瞩目的贡献,因而被誉为"政策科学之父"。自1968年在兰德公司担任高级顾问至今撰写了包括《公共政策制定的再审查》(1968)、《政策科学构想》(1971)、《逆境中的政策制定》(1986)在内的多部政策科学著作。

弗雷德里克森（George Frederickson）

美国著名公共行政学家,新公共行政学派的主要代表人物,曾担任美国公共行政学会会长,针对20世纪60年代末、70年代初美国为代表的西方国家连续出现的社会、经济、政治危机而对传统的公共行政学说进行了重新的反思与全新的价值审视,由此引发了新公共行政运动,产生了"新公共行政学"。

德鲁克（Peter F. Drucker, 1909— ）

当代极负盛名的美国管理学大师,在20世纪70年代西方管理科学思想发展十分迅速的重要时期,德鲁克提出了目标管理概念,并在此基础上进一步创立了目标管理理论,对公共行政管理产生了重要影响。主要著作有《管理的实践》(1954)、《有效的管理者》、《效果管理》、《管理:任务、责任、实践》,逐步建立了他关于目标管理的理论学说。

奎德（Edward S. Quade）

美国著名的应用数学专家和系统分析与政策分析专家,长期在享誉世界的公共政策思想库——兰德公司从事政策分析的理论与实践研究,与德罗尔一起创办了《政策科学》理论刊物。20世纪80年代以来,奎德在其《公共政策决策分析》等著作中系统阐述了他的政策分析理论。

布坎南（James M. Buchanan, 1919— ）

美国著名经济学家,公共选择理论的主要代表人物,诺贝尔经济学奖得主。其"政府失败说"是对于当代政府管理的理论与实践最具重要影响的研究成果之一,代表作为论文集《自由、市场与国家:80年代的政治经济学》。

四、公共行政管理理论拓展中的代表人物

法默尔（David John Farmer, 1935— ）

美国当代著名的公共行政理论家,也是当代西方后现代公共行政理论流派的主要代表人物之一,现任美国弗吉尼亚州立大学政府与公共事务学院教授,其从事公共行政管理教学研究之前在美国政府部门任职多年。他

在西方公共行政管理学界具有广泛影响,在后现代公共行政理论方面研究成果甚丰,代表著作有《公共行政的语言:官僚制、现代性与后现代性》(1995)、《行政理论再思考:新世纪的挑战》(2001)、《公共行政的语言:官僚制、现代性与后现代性》。

库珀(Terry L. Cooper, 1938—)

当代美国著名的行政伦理学家,现任美国南加利福尼亚大学政策、规划与发展学院资深教授。长期致力于公共行政伦理与公民权方面的研究,主要代表作有《公共行政管理的公民伦理》(1991),《模范公共官员:政府中的个性与领导》(1992),《负责任的行政官员:行政角色的伦理探讨》等,是美国乃至整个西方世界行政伦理学研究领域的领军人物。

霍哲(Marc Holzer)

当代美国公共行政管理学界知名的政府公共部门绩效管理研究专家,现任美国新泽西州立大学研究生院公共行政管理系资深教授和美国国家公共生产力中心主任,尤其致力于政府公共部门绩效管理方面的研究,是美国乃至西方政府公共部门绩效管理研究领域的权威学者,曾担任过美国公共行政学会会长,还当选为世界生产力科学研究院院士和美国国家公共行政研究院院士。

奥斯本(David Osborne)

美国著名的进步研究所研究员,在20世纪90年代西方经济危机加深的背景下,发达国家出现新一轮行政改革热潮,奥斯本在其《改革政府——企业精神如何改革着公共部门》一书中提出的企业家政府理论对美国政府改革产生很大影响。

登哈特(Robert B. Denhardt)

美国著名公共行政管理学家,现任美国亚利桑那州立大学林肯教授兼公共事务学院院长。20世纪八九十年代,伴随西方国家政府重塑运动的兴起和发展,新公共管理在当代行政理论与实践中凸显主导式地位,最为典型的是企业家政府理论,但也遭受了很多批评,作为一套替代性新理论模式,对新公共管理理论进行反思和批判,登哈特提出了新公共服务理论,出版有

《新公共服务》等16本学术专著,获多项学术大奖。

罗森布鲁姆(David H. Rosenbloom)

美国著名公共行政学家,美国大学公共事务学院公共行政学杰出教授,美国国家公共行政研究院院士。曾担任美国公共行政学会会长和最具权威性的学术期刊《公共行政评论》主编,1992年还被任命为克林顿政府的人事政策与管理顾问,获得多项学术大奖,发表100多篇论著,其代表作为《公共行政学:管理、政治与法律的途径》,其多元公共行政观主要体现在这部代表作中。

第二节 专业名著

一、西方政治学经典名著

《政治科学》(第9版),(美)罗斯金等著,林震等译,中国人民大学出版社2009年出版。本书是被多个国家的高等院校广泛采用的政治学教科书。它运用了美国和其他地方的例子向读者介绍政治科学的整个领域,因而,它不是一本关于美国政府的教科书,也不是单纯的比较政治学课本。全书"采用兼容并包的方法。避免兜售任何单一的理论,概念框架和范式",作者以科学、客观的态度分析不同的意识形态和政治体系。作者以科学、客观的态度分析不同的意识形态和政治体系。在首肯美国民主体制的同时,更一针见血地批判了美国现实政治的弊端。因此。本书对观点各异的人来说,都有重要的参考价值。此外,本书还增加了研究方法的专栏。各章后面附有关键术语和关键网址以及参考书目,对于进一步的研究很有裨益。本书对于我们更好地了解美国的政治体制,理解美国政府的决策过程,将起到积极、有益的作用。它是高等院校相关专业学生的必读书目,也是政治学者和政府官员的重要参考书。

《政治社会学导论》,(美)安东尼·奥罗姆著,张华青等译,上海人民出版社,2014年出版。这本新版《政治社会学导论》(第4版)是一部有历史感、时代感和现实感的著作,将其与此前的版本比较阅读,可以看到的不仅仅是政治社会学学术体系的丰富与发展,更看到的是现代政治生活在世纪转换过程中所发生的深刻变化。从功能来看,奥罗姆最终是把这本书当做教材的;但是,从创作来看,奥罗姆是把这本书当做学术著作来写的。系统的分析框架、系统的现实关怀加上比较切实的学术定位,使本书真正展现了现代政治生活的过去、现在与未来,以及现代政治生活的理论与实践、危机与挑战。《政治社会学导论(第4版)》是国际知名的社会学家安东尼·奥罗姆的代表作之一,也是政治社会学领域的经典之作。全书从理论出发并适当结合现实,对政治的广泛社会基础进行了描述,分析了政府的政策和行为影响其国家和人民命运的方式,从经济和政治、国家和社会,公民社会和政治等多个方面介绍了政治社会学的基本原理,尤其精当地介绍了托克维尔、马克思、韦伯、涂尔干、帕森斯等一批代表学者的理论。本书既是政治社会学的最佳入门书,又堪称跨学科研究的典范。

《西方政治思想史》,(英)约翰·麦克里兰著,彭淮栋译,人民出版社2010年出版。本书主要对西方政治思想史知识作了介绍,具体内容包括国家的卫士与正义、社会契约理论的兴起及其可观的持续力、近代国家的近代性、启蒙运动的政治学、自由主义的兴起等。

《文明的冲突与世界秩序的重建》,(美)塞缪尔·亨廷顿,周琪等译,新华出版社2010年出版。本书作者塞缪尔·亨廷顿,国际政治研究领域著名学者,曾任美国哈佛国际和地区问题研究所所长。1993年夏,他在美国《外交》杂志上发表了题为《文明的冲突》的文章,引起国际学术界普遍关注和争论。作者认为,冷战后,世界格局的决定因素表现为七大或八大文明,即中华文明、日本文明、印度文明、伊斯兰文明、西方文明、东正教文明、拉美文明,还有可能存在的非洲文明。冷战后的世界,冲突的基本根源不再是意识形态,而是文化方面的差异,主宰全球的将是"文明的冲突"。本书所持观点公允与否,在学术界存在很大的争论。但书中对现今世界各种文明的深入研究和剖析,对读者会有重大的参考价值。

《正义论》,(美)罗尔斯著,何怀宏等译,中国社会科学出版社 2009 年出版。功利主义在现代政治和道德哲学中占主导地位。其他理论,如直觉主义,没有提供能与之抗衡的正义观和道德观。《正义论》主张以一种更抽象的社会契约论来替代功利主义。其出发点是:社会基本结构是正义的主题;人们在达成其它协议之前,首先要就社会制度的原则达成协议。然而这种缔约不是一种实际的历史行为,而是在假定的原初状态中的选择的结果,它是互相冷淡的个人在无知之幕背后的选择。契约目标是选择一种指导社会基本结构设计的根本道德原则即正义原则。对所选择的原则的直接检验是看按它们安排的社会制度是否符合人们的直觉判断;另一个检验是看它们是否符合人们的目的。由此产生了本书的三个部分:理论、制度、目的。

《政治科学的理论与方法》,(英)马什等编,景跃进等译,中国人民大学出版社 2006 年出版。本书介绍和分析了当代政治科学中的行为主义、制度主义、马克思主义以及规范理论、阐释理论等研究取向和学术流派,并对其研究方法和研究议题作了详尽的综述。本书从哲学的高度着眼,呼吁对话,而非融合;从本体论和认识论的维度着手,纵览全局,整体把握;从案例和生活落脚,生动鲜明,入木三分。

二、西方管理学经典名著

《管理学》(第 11 版),(美)罗宾斯等著,孙健敏等译,中国人民大学出版社 2012 年出版。罗宾斯《管理学》的经典自不必说。管理到底是什么,管理到底要解决什么问题,可以先阅读罗宾斯的《管理学》,思考一下开篇所谈的几个问题:"做正确的事"与"正确地做事",也就是指效率与效果;谁是管理者,即是指决策的重要性;从管理学的视角看组织的重要性;重要的全球化和创新问题等等,为什么要把这几个问题放在四大职能前。管理应该回归它的本源,因而需要学习管理的本质。

《管理学:全球化与创业视角》,(美)海因茨·韦里克,哈罗德·孔茨著,经济科学出版社 2008 年出版。本书涉及当前热点问题,包括蓝海战略,移动商务、客户关系管理、价值链和供应链管理以及外包。本书理论联系实际，既可以掌握坚实的概念，又能将之付诸于其管理生涯之中。本书将那些新的、反映领先世界级组织的范例融会其中，形成了全球化聚焦特色。此外，书中广泛涉及了创业理念，提出了个人和企业创业精神是贯穿21世纪的主要的管理挑战和机遇的论断。并且运用了大量的企业创业、创新范例和案例。该版本整体框架仍基于管理系统模式，但涉及的内容超越了北美洲区域的界限，引入了欧盟、亚洲（包括印度）以及拉丁美洲企业的范例。

《管理学：技能与应用》，（美）莱斯利·W·鲁等著，刘松柏译，北京大学出版社2013年出版。全书主要从计划技能、组织和人员配备技能、领导技能和控制技能等方面，以精练、直接、通俗易懂的方式阐述了管理学的基本原理和概念。莱斯利·W·鲁（Leslie W. Rue），美国佐治亚州州立大学罗宾斯商学院管理学教授，Carl R. Zwerner家族企业教授席位获得者。Rue博士曾任职于印第安纳大学商学院，出任美国五角大楼军事管理系统支持机构数据程序项目官员，Delta航空公司工程师。此外，他还为众多的私人组织和官方组织做过计划、组织和战略方面的咨询和培训工作。Rue博士在学术和商业杂志上发表了五十余篇文章、案例和研究论文；并参与了大量的管理学领域教材的编写工作，有些教材已经多次再版。

《管理学：能力培养取向》（第9版），（美）唐·黑尔里格尔等著，张燕等译，中信出版社2005年出版。本书充分结合了MBA的案例教学优势，着重培养学习者的六大核心管理能力。即自我管理能力、战略行动能力、全球意识能力、协作能力、计划和管理能力、沟通能力，这些能力的培养被证明是学生们在职业生涯早期获得成功所必需的。全书以庞大有序的信息为读者提供全新的学习视角，用贯穿始终的积极学习方式促进管理能力的培养。

《组织行为学基本原则》，（美）尚普著，宋巍巍，张微译，清华大学出版社2004年出版。本书的逻辑性较强，内容丰富。全书围绕着组织行为学这个中心，分别从个体过程、群体过程、组织过程、组织设计和组织变革等角度广泛论述了组织中的各种行为问题。本书取材丰富、涵盖面广，并贴近每个人的现实生活。本书既适用于作为组织行为学的入门教材，也可作为内容全面的学科参考手册,供相关领域的管理人员和研究人员使用。

《管理学基础:概念、应用与技能提高》(第2版),(美)卢西尔著,高俊山、戴淑芬译,北京大学出版社2011年出版。本书遵循经典管理学的基本框架,涵盖管理学的传统概念和当今热点问题。全书贯穿了情境管理的理念,通过引例、自测练习、概念应用、加入讨论等专栏以及每章的技能提高练习,使读者在理解管理学基本概念及其应用的基础上切实掌握必需的管理技能,成为在工作中游刃有余的管理者。

《组织理论与设计》,(第10版)(美)达夫特著,王凤彬等译,清华大学出版2011年出版。本书是系统反映国际上组织理论与设计最新成果的经典教科书。本书从对现实社会中各类组织的观察和分析入手,以理论与实践密切结合的方式,通过对组织的结构设计及相关影响因素进行由浅入深、循序渐进、生动有趣和富有逻辑性的介绍和阐述,展现了西方组织理论的概貌、组织模式的历史演变与最新发展,以及组织设计的实务和方法等方面,从组织学角度形成一种框架性认识。本书不仅是对"组织"的一种宏观考察,具有独到的研究角度和理论体系,同时又与考察微观层面的"组织行为学"构成重要的互补关系。

三、制度经济学经典名著

《制度经济学》,(美)康芒斯著,赵睿译,华夏出版社2013年出版。康芒斯(1862—1945),美国著名经济学家、制度学派的早期代表人物之一。1862年10月13日生于美国俄亥俄州。1882年,康芒斯进入奥伯林学院,跟随著名经济学家凯里学习经济学,后又进入霍普金斯大学研究院跟随经济学家伊利学习。上述两位经济学家对康芒斯以后的思想形成奠定了基础。1890年以后,康芒斯先后执教于威斯里安、奥伯林等大学,教授经济学与社会学。1904年以后,康芒斯一面在威斯康星大学讲学,一面又参加了许多社会活动,并从事劳资关系问题的调停工作,还参与制定了一系列的劳工立法。当时他以劳工问题专家而闻名。他还曾担任过美国货币学会会长、经济学会会长。1945年5月11日去世。其主要著作存《财富的分配》(1893)

《工联主义和劳工问题》(1905)、《劳工与管理》(1913)、《资本主义的法律基础》(1924)、《制度经济学》(1934)等。《制度经济学》仿效了自然科学教科书的写作手法。对于书中涉及的每个观点，作者首先溯及其创始者，然后是探讨为发展这一观点所作的修正，以及更早时期能够将这一观点区分出来的双重或多重含义，直到每个观点能够以单纯的含义与作者所构想的政治经济学的其他内容结合起来，就如同这门学科自第一次世界大战以来正在发展变化的情形一样。在革命战争前后，就已经出现了新观念和新理论的创始者。所以本书作者约翰·康芒斯首先从1689年的英国革命入手，接下来是1789年法国革命引致的世界大战，还有1861年的美国革命——这是1848年欧洲革命被镇压之后的结果，然后是自1914年开始的多次革命战争。

《制度与行为经济学》，(美)阿兰·斯密德著，刘璨，吴水荣译，中国人民大学出版社2004年出版。本书作者是美国密歇根州立大学终身教授阿兰·斯密德(Allan A.Schmid)博士。书中对新古典经济学的众多观点提出了质疑，扩大了人们对现实经济运行的认识的视野。本书内容丰富多彩，既有对行为经济学、制度与组织的分析，又有人类相互依赖的根源、方法论、市场、技术与增长及劳动制度的阐述，更有对宏观经济制度、政治制度变迁分析的展望。作者从信息不完全性，有限理性等假设入手，采用其建立的独特的研究制度与绩效之间关系的范式——SSP范式，即状态—结构—绩效范式，并把它作为一个通用范式的应用到政治制度、宏观经济制度、劳动力制度、技术制度等方面，为开展制度分析提供了很好的制度框架。作者不仅构造出完整的理论框架，而且采用了大量的案例分析，案例还包括了一些对中国经济体制改革等方面的制度分析。

《福利国家经济学》，(英)尼古拉斯·巴尔著，郑秉文，穆怀中译，中国劳动社会保障出版社2003年出版。《福利国家经济学》，是巴尔教授的"抗鼎"之作。巴尔系英国伦敦经济学院经济系的经济学教授，国际著名的福利经济学家，是福利国家经济学的主要奠基人。《福利国家经济学》在我国研究社会保障的学者中间有较高的知名度，引用率较高；它代表了当前西方经济学界研究社会保障和福利国家问题的最新动态，处于学科前沿，反映了巴尔最新的研究成果。这本书被许多大学作为教科书或教学参考书。本书所述的研究成果是当今西方经济学界研究社会保障和福利国家问题的最新动态。本书具有四个鲜明的特点：第一，试图在传统的经济学理论框架与福利国家的相关问题之间建立起一个自然地"对话渠道"和桥梁，将福利国家的有关问题予以整合，使之能够和主流经济学或经济学的核心内容联系起来以达到二者完整的统一。第二，试图通过经济学的规范分析来解释和论证福利国家的存在是否有效率。第三，本书将教育尤其是公共住房政策予以专门的实证与规范分析。第四，运用了比较研究的方法。书中所阐述的关于福利国家的基本经济理论不仅适用于所有工业化国家，而且还适用于转型国家和许多中等收入的发展中国家。

《公共问题经济学》，罗杰·里若·米勒等著，冯文成等译，中国人民大学出版社2014年出版。本书由研究制度变迁理论的经济学大师道格拉斯·诺思领衔主笔，用经济理论系统阐释了公共政策。全书就"经济分析基础"、"供给与需求"、"劳动力市场"、"市场结构"、"政治经济学"、"财产权与环境"以及"全球化和经济繁荣"这些令人感兴趣的公共经济问题进行了深入细致的探讨。罗杰·里若·米勒(Roger LeRoy Miller)，得克萨斯大学阿灵顿分校经济学教授，在芝加哥大学获博士学位。他出版了许多经济学和法律方面的图书，撰写了美国畅销书《当代经济学》(Economics Today)。他还是法律方面的专家，除了从事学术研究以外，还担任一些法律事务所、州和联邦机构的顾问。道格拉斯·C·诺思(Douglass C. North)，1993年诺贝尔经济学奖得主。美国著名经济学家、政治学家，曾任美国经济史学会会长、华盛顿大学经济系主任。他的主要学术贡献在于建立了包括产权理论、国家理论和意识形态理论在内的"制度变迁理论"。主要著作有《经济史上的结构和变革》、《西方世界的兴起》、《制度、制度变迁与经济效益》等。

《国富论》，(英)亚当·斯密著，郭大力、王亚男译，上海三联书店2009年出版。亚当·斯密(1723—1790)，西方经济学的主要创立者之一。出生于苏格兰的柯卡尔迪，青年时就读于牛津大学。1751—1764年亚当·斯密在格拉斯哥大学担任哲学教授，并发表了他的第一部著作——《道德情操论》,由此确立了他在学术界的崇高威望。1776年,他的《国富论》在全世界引起了很大轰动。亚当·斯密的《国富论》,原名直译为《诸国民之富的性质及其原因之研究》。自一七七六年出版以来,全世界的学术界,都曾赫然为所惊动。甚至于各国的支配者们,都相率奉之为圭臬。世界上每个大的或小的经济学家,都曾直接或间接受其影响。

《社会资本——关于社会结构与资本的理论》,(美)林南著,张磊译,上海人民出版社2005年出版。在《社会资本》中,林南强调了通过社会联系与社会关系来实现目标的重要性。社会资本或者说通过社会联系与社会关系所获取资源(与人力资本或是者说个体或组织实际所拥有的资源),促进了个体、社会群体、组织以及社区的目标的实现。林南将社会资本理论放在资本理论(古典资本理论与新古典资本理论)的体系之中,详细阐述了社会资本的要素、命题和理论发现,介绍了研究计划与研究程,对个体行动与社会结构之间的互动意义进行了理论说明(在对首属群体、社会交换、组织、制度转型和数码网络的论述中)。林南开创性地提出并且令人信服地解释了为什么"你认识谁"和"你知道什么"在生活与社会中具有重要意义。

四、公共行政学经典名著

《公共行政的精神》,(美)乔治·弗雷德里克森著,张成福等译,中国人民大学出版社2013年出版。《公共行政的精神》(中文修订版)是新公共行政学派领军人物弗雷德里克森除《新公共行政》以外的另一部代表作。全书从公共行政的本源——"公共性"谈起,对涉及公共行政领域的公正、公平、公民精神、行政自由裁量权等问题进行了深入细致的分析,指出当代公共行政在动荡的变革环境下,必须在政治、价值与伦理方面进行恰当的定位,从而构建公共行政官员所应遵循的价值规范与伦理准则,以建立现代民主政府,并确保政府治理的有效性。特别需要强调的是,作者在本书最后提出的公共行政八个原则,值得每一位研究公共行政的专家、学者以及对公共行政感兴趣的读者加以研读与思考。

《官僚政治》(第5版),(美)彼得斯著,聂露等译,中国人民大学出版社

2006年出版。作为公共管理领域的大师,本书作者围绕公共官僚的扩张及其制衡的最新发展,从政治与行政文化、公共官员的招募、行政机构、公共预算、行政职责等维度展开层层剖析,对公共官僚的政治和政策制定者角色进行了深入的探讨,也强调了政治和利益团体对官僚的影响,并对上述方面的行政改革进行了独到的评析和展望。本书采用比较分析的研究方法,为读者提供了一个于错综复杂的变革背景下清晰了解世界各国官僚体制的极好的视角。

《公共行政:管理中的角色模拟与案例分析》,(美)沃森著,竺乾威等译,上海财经大学出版社2003年出版。自工业革命以来,人类社会日益成为一个组织的形态;而其发展则离不开一个民主、效率和负责任的政府运作其间。在西方发达国家,公共行政管理作为一门成熟的学科体系,已有百余年的历史;而今天,与我国经济繁荣与社会进步相适应的是,政府行政改革呈现方兴未艾之势。学习和借鉴西方发达国家在这一方面的经验、并汲取其教训,是我们无可推卸的历史使命。《公共行政:管理中的角色模拟与案例分析》一书通过24个涉及公共和非公共部门的当代实际的角色扮演案例,来解决这些困境:如何确保机场的公共安全,如何确定是无意的碰撞还是性骚扰,如何处理士气低下和是否跳槽之类的问题,如何与一位勇于开拓的上司一起对项目管理者提供帮助,如何处理警察部门的种族形歧视等等。本书的一个引人注目之处在于一些有关市政的案例,这些案例涵盖了诸多的内容。通过研读这些案例,可以使得公共行政人员成为一名更有思想和更有效的管理者。

《公共行政的语言:官僚制、现代性和后现代性》,(美)戴维·约翰·法默尔著,吴琼译,中国人民大学出版社2005年出版。本书运用一种反思性语言模式,将现代性和后现代性视作人类的两种心灵模式并从这两个维度对公共行政话语进行了解构式的阅读。作者认为,在现代主义的视角中,公共行政被建构为一种科学、技术、企业或者一种阐释;而在后现代主义的视角中,对想象、解构、非地域化和他在性的强调为变革公共官僚制以及公共行政的世界提供了契机,在这里,所有的意义都遭到解构,所有的边界都被瓦解,行政为反行政所取代。本书将引领你进入公共行政的思维和语言世界。

《公共行政的合法性——一种话语分析》,(美)麦克斯怀特,吴琼译,中国人民大学出版社2002年出版。本书以公共行政的合法性问题为切入点,对各个时期公共行政理论的缘起、发展和话语架构进行了独到的批判性分析,对公共行政合法性基础进行了深刻的反思,对传统公共行政的话语结构尤其是"理性人"的意识形态作了全面的检讨,并从性别理论的角度说明了合法性和异在性之间的联系,最终对合法性问题提出了新的构架方法。与同类著作相比,本书的研究领域更加前沿,学术性更强。

《后现代公共行政——话语指向》,(美)福克斯,(美)米勒著,楚艳红等译,中国人民大学出版社2013年出版。本书作者将公共行政与公共政策研究置于后现代主义的基础之上,批驳了诸如公共管理学、制度主义、社群主义等目前广为流行的理论,致力于建构一种全新的公共行政"话语"理论。作者开阔的视野以及大胆的理论创新,给人一种前所未有的震撼。本书不仅为后现代时期的公共行政展示了一种令人振奋的新视角,而且也为当代公共行政学的写作提供了一个新的范本,是美国后现代公共行政理论里程碑式的著作。

《公共行政学新论:行政过程的政治》,(美)詹姆斯·W·费斯勒等著,陈振明等译,中国人民大学出版社2013年版。《公共行政学新论:行政过程的政治》(第2版)是美国公共行政学领域最有影响的著作和权威性教科书之一,全书立足于当代西方特别是美国政府管理的实践,用大量现实资料及案例对公共行政学的原理进行深刻的阐述和剖析。书中涉及公共行政学的研究范围、政府的角色、公共组织理论、文官制度、公共政策的制定和执行、民主制中的行政等主题,尤其是强调了政治与行政的密不可分以及民主社会中立法和司法机关对行政机关监控的重要性。本书是美国高校广泛使用的教材或教学参考书,它对我们借鉴西方公共行政学的理论成果,探索具有中国特色的公共行政体制及公共管理模式具有重要的参考价值。

《比较公共行政》,(美)海迪著,中国人民大学出版社2011年出版。本书立足于变化中的全球政治图景和比较公共行政的最新进展,对现代民族国家的政府官僚机构进行了全方位的比较研究。针对世界上现有的近200个国家和地区各不相同且极其复杂的行政系统,作者既分类研究了发达国家的"古典"的行政体制和"变异"的行政体制,又分类研究了发展中国家的官僚主导的行政体制和政党主导的行政体制,并对每类行政体制的代表性国家的行政组织、高级官僚、行政与政治的关系进行了深入分析。此外,对比较公共行政的演进历史及比较政治科学、发展行政管理和比较公共政策等密切相关的学科,对官僚制的概念、文官制度的结构类型、行政生态环境、里格斯的"棱镜"模式、普适性公共行政的构建、政体类型和官僚组织类型的对应关系。对国家行政制度的历史渊源以及与制度转型概念相关的现代化、发展和变革等概念也都作了精辟的论述。

《官僚制内幕》,(美)安东尼·唐斯著,郭小聪译,中国人民大学出版社2006年出版。本书是剖析官员与官僚组织行为、透视官僚制内幕的经典力作。本书构建了一种有用的决策理论,该理论通过对官员动机、行为模式等方面的分析来帮助人们认识官僚组织的行为,从而提高决策质量。作者将官员分为权力攀登者、保守者、狂热者、倡导者、政治家等五种类型,在此基础上,分析官员的动机、目标和行为对官僚组织决策的影响,探讨官僚组织所承担的社会职能及其所处的环境对其结构、行为和决策的影响。

《政治体制中的行政法》(第3版),(美)肯尼思·F·沃伦著,王丛虎等译,中国人民大学出版社2005年出版。本书是美国第一本为公共管理专业方向所撰写的行政法教材,被美国与西欧国家许多大学和教育机构所选用。与普通行政法教材不同的是,本书从一个全新的系统理论角度,全面分析了美国政治体制中的行政法。全书以直接参与行政法律关系的行动者为切入点,进而结合美国公共管理所涉及的问题,主要从行政权的发展历程、行政程序的目的、行政法规的制定、行政命令的发布、行政自由裁量行为、对授权的司法审查以及社会权利和个人权利的平衡等方面,详细介绍了美国行政法以及相关前沿性问题。同时本书还辅以生动的案例,为我们了解美国行政法提供了详尽的素材。

《公共行政与公共事务》(第9版),(美)尼古拉斯·亨利著,孙迎春译,中国人民大学出版社2011年出版。本书为美国公共行政学经典教材。全书系统地论述了公共行政与公共事务领域的理论研究前沿与实践发展动态。作者首先阐述了公共行政学科发展的范式变迁,继而系统地介绍了公共管理的理念发展,即公共生产力、政府融资与预算编制、公共部分人力资源管理,然后较为详细地阐述了如何认识并改善公共政策,并探讨了跨部门行政、政府间行政等问题,最后论述了官僚伦理的背景、意义和理论依据。

《新公共服务:服务,而不是掌舵》,(美)珍妮特·V·登哈特,(美)罗伯特·B·登哈特著,丁煌译,中国人民大学出版社2010年出版。这是一部具有里程碑意义的公共行政学专著,它以其宽广的学术视野和鲜明的理论创新在学界和政界产生了广泛而深远的影响,作者在对传统公共行政,特别是新公共管理进行反思和批判的基础上,通过比较分析,从以下七个方面系统地阐述了新公共服务的基本理论内涵:一是服务于公民,而不是服务于顾客;二是追求公共利益;三是重视公民权胜过重视企业家精神;四是思考要具有战略性,行动要具有民主性;五是承认责任并不简单;六是服务,而不是掌舵;七是重视人,而不只是重视生产率。无论是从理论价值还是从实践意义来看,它都不失为当代西方公共行政学研究领域的一部很有创新性的学术力作。

五、公共政策学经典名著

《公共政策分析导论》,(美)威廉·N·邓恩著,谢明等译,中国人民大学出版社2011年出版。《公共政策分析导论》集公共政策分析的概念与方法之大成,运用"以问题为中心的政策分析"方法架起公共政策理论与实践的桥梁,体现了作者独到的见解和深刻的认识。作者对公共政策分析领域进行了全面的梳理和总结,从宏观到微观,深刻、系统地阐述了政策分析的方法及政策分析在制定过程中的作用和功能;并对政策分析方法的运用进行了详细介绍,包括政策问题构建、政策前景预测、政策行动建议、执行结果监测和政策绩效评价等。公共政策分析导论不仅有利于掌握政策分析的主体理论,而且有助于了解和运用政策分析的具体方法。

《公共政策分析:理论与实践》,(美)戴维·L·韦默,(加)瓦伊宁著,刘伟译校,中国人民大学出版社 2013 年出版。本书是公共政策领域的一部经典教材,系统地介绍了公共政策的基础理论、各种政策分析工具的使用方法及其局限性,并对如何进行政策分析给出了实际操作建议。全书以一个政策分析的案例开篇,对政策分析的基本概念进行了简要阐述;在此基础上,对公共政策分析中的问题分析和解决方案分析的相关理论进行了深入的探讨,对市场失灵和政府失灵问题进行了重点剖析。作者在对信息收集、问题分析、解决方案分析等公共政策分析的各个步骤依次进行介绍的基础上,用两个案例回答了公共政策分析中的两个重要问题:一是成本—收益分析是如何进行的,二是什么时候统计数据才是有价值的。最后,作者提出,在公共政策分析中,应该将做得更好与做好的事情结合起来,这样才能更好地维护公共利益。

《公共政策评估》,(美)弗兰克·费希尔著,吴爱明等译,中国人民大学出版社 2003 年出版。本书通过对公共政策评估和社会科学的深刻反思,提出了全新的公共政策评估方法,即将事实和价值结合起来进行评估的多重方法论框架结构,并研究探讨了该理论框架的四种形态:项目验证、情景确认、社会论证和社会选择,每一种形态都有具体案例和思考题与之配合。该书的研究方法和分析框架对于公共政策的制定、执行、分析和评估具有重要的实践指导意义和参考价值。

《集体行动的逻辑》,(美)曼瑟尔·奥尔森著,陈郁等译,格致出版社 2011 年出版。奥尔森教授撰写的这本书是公共选择理论的奠基之作。这本书不仅是经济学的重要著作,也是社会学科的必读书目。本书作者奥尔森创造性的在集体行动的研究领域,引入了传统经济学经常强调的个体主义方法论的视角。公共选择理论,是在上世纪 50 年代末和 60 年代初以来,现代经济学中兴盛、发展起来的一门新的分支,它研究的是传统经济学不予关心的非市场决策问题。传统经济学之所以不研究这类问题,无非是认为,诸如此类的决策和行动由于是由非市场因素决定的,所以就超出了经济学有关行为的传统假定。可现代经济学的拓展和进步恰恰证明了：非市场问题并不意味着不能用经济学的方法来研究。相反，公共选择理论从它诞生的那一天起就牢牢扣住了"经济人"这个最基本的行为假定，认为除了参与私人经济部门活动的人之外，公共活动的参与者也受制与此，都有使自己行为最大化的倾向，无行为主体的所谓的公共利益是不存在的。现在，公共选择理论已经渗透到对社会、经济、政治生活各个方面的研究当中。

《公共政策工具——对公共管理工具的评价》，（美）彼得斯等编，顾建光译，中国人民大学出版社2007年出版。本书首先分析有关政策工具探讨的背景，并勾勒出其在公共管理领域的发展。其中包括对工具论、程序论、条件论、构成论等四个关于政策工具研究的不同思想学派的阐述。对政策工具选择标准考虑的出发点是它们作为管制、经济以及沟通手段的有效性。论述了各国政府近年来在限制市场的干预方面所做的努力，提出了公共政策在这方面继续面临的问题。

《政策过程理论》，（美）保罗·A·萨巴蒂尔著，彭宗超等译，三联书店2004年出版。由美国著名公共政策学者保罗·A·萨巴蒂尔（Paul A.Sabatier）教授主编的《政策过程理论》，汇集了当前西方公共政策最具代表性的专家学者所撰写的有关政策过程理论问题的多篇文章，介绍了政策过程的阶段性方法、多元分析框架、制度理性选择框架、间断－平衡理论、支持联盟框架、政策研究中的创新和传播模型、政策过程与大规模比较研究等，并对各种分析框架进行了比较和评估，同时还对政策理论的发展和趋向进行了前瞻性的展望。该书将对中国公共政策过程的理论研究和实际操作提供一些参考性框架。

《议程、备选方案与公共政策》，（美）约翰·金登，丁煌等译，中国人民大学出版社2004年出版。本书是一部在当代西方公共政策研究领域享有盛誉的学术专著和权威教材。它在广泛深入的实证调查和案例研究的基础上，以其特有的研究方法和语言风格，通过对"问题是如何引起政府官员关注的、备选方案是怎样产生的、政府议程是如何建立的"这样一些被人们长期忽视的重要问题进行了系统分析和回答，颇有说服力地率先对公共政策形成过程的核心环节(议程建立和公共政策形成的内在机理)进行了科学的探讨。无论是研究内容,还是研究方法,本书都是公共政策研究领域的一部很有创新性的力作。

《政策悖论:政治决策中的艺术》(修订版),(美)斯通著,顾建光译,中国人民大学出版社2006年出版。本书是公共政策领域的一部具有重要学术地位的著作,在美国的高校、研究机构流行,成为经典之作。本书是当代政策分析领域的一部享有盛名的经典之作,体现了作者锐利的理论洞察力,展示了作者与一般实证分析不同的独到的政策分析维度,揭示了政策分析背后的价值倾向。本书列举了诸如公平、效率、自由乃至测度这些主要的政策分析范畴,指出这些看来平常的范畴背后的价值倾向,它们所反映的不同利益内涵。这些价值的冲突(悖论)与调和体现在政策分析和政策制定的全过程中。读者可以从本书中获得如何理解公共政策的重要的独到之见。

《发展型社会政策》,(英)安东尼·哈尔,詹姆斯·梅志里著,罗敏等译,社会科学文献出版社2006年出版。对于社会政策在发展方法和实践中所起到的日益重要的作用,这本必要的教科书提供了最新的指南。作者介绍和解释了主要的概念争论、最新的政策讨论,同时提供了应用实例来说明这一领域的最新发展情况。话题包括:贫困、农村发展、城市发展、教育、医疗卫生、社会工作、社会福利、国际发展与合作。《发展型社会政策》对学生和社会政策实践者来说是一本基本读物,可以帮助其更深入地了解当今世界贫困的复杂情况和多维度性质,以及扩展解决贫困问题所必要的社会政策方案。

六、公共管理学阅读名著

《公共管理导论》,(澳)欧文·E·休斯著,张成福等译,中国人民大学出版社2007年出版。本书探讨了全球化、市场化背景下政府职能的转换聚集于政府的新角色、新责任,全面评价了(新)公共管理在战略管理、财政管理、人事与绩效、电子政府以及管理的内外部要素等诸多层面的发展,系统、生动地呈现了传统公共管理模式和新公共管理模式两种典范的博弈和变迁进程。本书无疑已经成为公共管理领域公认的最具影响力的经典、权威著作和教材。欧文·E·休斯,澳大利亚莫纳会大学教授,著名的政治学家和公共行政学家。本书的出版确立了他在公共管理领域著名学者的地位。他的著作还有《澳大利亚政治》、《政府间关系与公共政策》等,都颇具影响。

《无缝隙政府:公共部门再造指南》,(美)拉塞尔·M·林登著,汪大海等译,中国人民大学出版社2014年出版。本书用来自美国各级政府的实例展示了如何把再造原理应用到各级政府的管理之中,详述了政府再造的步骤,说明了政府再造过程中怎样评估、设计,怎样克服阻力,怎样实施根本性的变革,揭示了无缝隙政府不是全盘推翻现有的行政运作程序,不是以部门、职能为导向或以数量、规模为导向,而是以顾客为导向,以结果为导向,以竞争为导向。

《公共部门管理》,(美)格罗弗·斯塔林著,常健等译,中国人民大学出版社2012年出版。本书对公共部门管理理论进行了全面的介绍,不仅涵盖了公共管理的最新思想,而且为读者提供了关于公共组织和公共管理者如何运用相关理论的案例研究。本书以真实的人物和事件案例作为背景,细致入微地展示了公共部门的实际运作情况。

《自上而下的政策制定》,(美)托马斯·R·戴伊著,中国人民大学出版社2002年出版。本书探讨了基金会、智囊团、政治捐助者、特殊利益代表集团、院外活动者、律师事务所和公区媒体在美国公共政策制定过程中所扮演的不同角色和进行的各种活动。通过对大量案例、数据、图表、特写、调查问卷等的实证分析,描述了美国财富和权力的结构,探讨了公共政策制定的模式和方法,分析了政府如何使政策合法化并加以执行。尤其是作者将公共政策的制定界定为自上而下由精英阶层所操纵和控制的过程,发人深省。

《新有效公共管理者:在变革的政府中追求成功》(第2版),(美)科恩,(美)埃米克 著,王巧玲等译,中国人民大学2001年出版。本书描述了有关管理的基本内容,在此基础上发展了新的内容,并全部采用贴近时代脉搏的最新案例加以探讨。本书的"新"主要体现在:集中沃尔克、温特尔和戈尔委员会的报告中反映的,有关对管理危机进行回应的思想和建议;公共管理领域的再造和激活运动;将经过检验的、最新的全面质量管理的技巧运用于公共管理部门。

《职业优势:公共服务中的技能三角》,(美)詹姆斯·S·鲍曼等著,张秀琴译,中国人民大学出版社2005年出版。本书提出了公共服务的"技能三角"新理念,认为公共服务出现了新的特点,价值观的转变、企业文化的渗透以及信息技术的发展,要求公共服务专业人员提高专业技术水平、伦理道德素质和领导才能。本书指出,一名优秀的职业公务员应该掌握必需的专业技能,并将其与绩效管理、人力资源管理以及信息技术联系在一起加以运用;同时,他还应该拥有良好的伦理道德素质,并将其运用到公共服务实践中去;最后,他还必须有高超的个人领导能力,而这种个人领导能力的培养是以伦理道德素质和专业技能为基础的。

《公共部门人力资源管理:系统与战略》,(美)罗纳德·克林格勒等著,孙柏瑛等译,中国人民大学出版社2013年出版。本书是公共部门人力资源管理的经典教材,将公共部门人力资源管理的技术问题与政策制定的政治问题有机地联系在一起,系统地探讨了公共部门人力资源管理的价值、冲突、政治过程和管理技术。全书首先概述了公共部门人力资源管理的主要功能及美国公共部门人力资源管理的现实,进而分为人力资源规划、人力资源获取、人力资源开发、人力资源保障与约束四个部分系统地阐述了公共部门人力资源管理的具体内容。通过对政治过程和管理技术这两个层面的综合分析,本书揭示了当今公共部门人力资源发展的最新趋势,探讨了平衡公共部门人力资源管理的多元利益需求的动力机制,提出了发展公共部门人力资源战略管理的诸多政策和策略,并通过经典案例分析的形式,提供了解决人力资源发展问题的经验与路径。

《公共部门管理》,(英)诺曼·弗林著,曾锡环译,中国青年出版社2004年出版。本书解析了英国公共部门管理所处的政治与政策环境,以及政治与政策对管理者的影响;系统阐释了英国公共部门管理的市场化改革实践,并对英国公共部门管理变革的成效进行了总体评价。本书有助于公务人员及公共管理领域的学者们更好地理解当代世界各国公共部门的改革过程。

本书主要表描述了英国的改革，正如本书序言中所说："这是一本关于英国公共部门管理的书。……本书帮助那些在公营部门工作和研究公营部门的人们理解和应对新近出现的变化，并将他们置于福利国家的发展和别的国家变化的背景之中。"通过阅读本书，至少使人们明白英国的公共管理发生三方面的转变，并了解英国的公共管理改革值得重视的五方面经验。

《公共部门标杆管理：突破政府绩效的瓶颈》，（美）帕特里夏·基利等著，张定淮译，中国人民大学出版社 2002 年出版。本书为不同层次的政府管理者提供如何成功创建高绩效政府的实践指南。它突破了抽象的概念，用联邦、州和地方政府中的生动案例阐明了政府中施行标杆管理的前提条件、如何作出标杆管理战略规划、标杆管理如何实施以及如何使标杆管理活动获得成功等内容。

《公共与非营利组织绩效考评：方法与应用》，（美）西奥多·H·波伊斯特著，肖鸣政等译，中国人民大学出版社 2005 年出版。本书系统地介绍了如何设计和实施公共与非营利组织的绩效考评，告诉读者怎样把绩效指标与组织的管理目标联系起来，怎样分析、加工、报告和利用绩效考评数据，以及怎样让绩效考评系统适应并支持我们的战略和决策过程——包括战略计划与管理、预算、绩效管理，程序改进和标杆比较等管理活动。此外，本书还揭示了管理人员在实施绩效考评系统中可能遇到的各种问题，并为解决这些问题提出了 30 个对策。西奥多·H·波伊斯特是佐治亚州大学安德鲁·杨政策研究学院公共行政教授，他以公共管理及应用研究方法见长，并一直致力于住房供给、公共卫生、儿童抚养和交通运输等领域的应用性研究。

《公共管理案例》（第 5 版），（美）罗伯特·T·戈伦比威斯基著，汪大海等译，中国人民大学出版社 2004 年出版。本书被称为最具影响力的公共管理案例教材，被许多大学和公共管理教育机构选用。书中所选案例基本上涵盖的公共管理者在实际工作中会遇到的各种典型问题，涉及公共管理过程中的谈判与协商、道德困境与个人尴尬、组织与领导、组织变革与组织文化、人事与人力资源、政策与程序等方面。案例分析紧扣公共管理的实际动作过程,既有现实性,又有可操作性。每个案例还附有提示与问题,从而增加了公共管理的有效性,本书为公共管理案例教学提供了一种新的选择和视角,在一定程度上弥补了我国公共管理案例极度缺乏和案例教学经验的不足。

七、研究方法论阅读经典

《社会研究方法》,(美)艾尔·巴比著,邱泽奇译,华夏出版社2009年出版。本书是美国大学的通用社会学教材,是一本具有世界声誉的经典之作。本书讨论范围广泛,论述严密,从社会理论基本范式到学科报告撰写,从社会研究的基本概念到各种复杂技术方法,深入浅出,循序渐进,既适合专门研究人员,也是其他相关学科研究人员的必备参考书。全书包括研究概论、研究的建构、观察的方法、资料分析这四篇内容。《社会研究方法》是美国大学的通用社会学教材,同时它被译成多国文字。

《公共管理中的应用统计学》(第5版),(美)肯尼思·J·迈耶等著,李静萍等译,中国人民大学出版社2004年出版。本书是美国公共管理硕士(MPA)学位计划中的"方法课"的一本教材,是作者在公共行政领域多年潜心研究和实践的成果。该书主要分七大部分,内容包括定量分析基础、描述统计、概率论、回归分析等重点问题。书中的定量分析基础、新增的定性数据分析方法、众多生动的例子以及各种指导性操作程序都使得读者更易于计算和解释各种统计变量。本书是专门面向公共行政和公共管理及其相关专业学生的统计学教材,被美国100多所学校的公共管理学院和专业所采用,涵盖了公共管理领域所需要的所有统计分析工具。书中采用统计学定量分析的方法研究公共管理中遇到的实际问题,注重解释和解决公共管理者面临的现实困境,特别适合于公共管理专业的学生及实际工作者使用。

《公共管理中的量化方法:技术与应用》(第3版),(美)苏珊·韦尔奇,(美)约翰·科默著,郝大海等译,中国人民大学出版社2003年出版。本书是专门为公共管理和公共政策专业学生设计的定量分析方法教科书,包含了全美公共事务和公共行政联合会设定的MPA课程所需要的全部研究方法。书中运用图解的形式,系统地阐述了公共政策与管理的方法论,内容主要包括:测量与数据收集、政策研究中的计算机应用、回归分析、成本效益分析以及政策研究与公共组织等。该书注重社会科学方法与管理技术的结合,是从事公共管理和社会科学研究者必备的一本工具性的案头书。

《社会科学方法论》,(德)马克斯·韦伯著,韩水法译,商务印书馆2013年出版。本书以严谨的逻辑结构探讨以下内容:理想与价值判断之科学批判的意义;经验知识与价值判断的原则区分。文化科学认识兴趣的根本意义;文化科学中理论考察方式与历史考察方式的关系;理想典型概念形成的逻辑结构;经验社会认识的"客观性"的意义;文化价值理念和文化科学兴趣的易变性,以及历史因果考察中的客观可能性与恰当的因果关系;社会学与经济学的"价值阙如"的意义;"目的"与"手段"之批判;"伦理学"的界限;价值讨论和价值诠释;"发展趋势"与"适应":"进步"的概念;理性的进步;规范性因素在经验学科中的地位;关于经济的科学学说的任务。

《案例研究方法的应用》,(美)罗伯特·K·殷著,周海涛译,重庆大学出版社2009年出版。本书结合案例研究方法的理论,描述了一些应用案例研究方法进行研究的"案例"。这些"案例"都是由作者本人主持完成的,对意欲采用案例方法的研究者能起到一种范例的作用。为了提高本书的普遍适用性,作者在选取案例时没有局限于某一个领域,而是涉及教育、社区发展、法律实施、毒品滥用和预防、企业转型、地区经济发展、公共卫生等社会科学研究的诸多方面。

《案例研究:设计与方法》,(美)罗伯特·殷著,周海涛译,重庆大学出版社2010年版。本书可以被看做是案例研究的工作流程说明,能够帮助读者处理案例研究中一些比较有难度的问题。作者罗伯特·K·殷(Robert K.Yin)是 COSMOS 公司的总裁。COSMOS 公司是一家从事社会科学应用研究的公司。在过去的几十年中,该公司成功完成了联邦、州、地方机构以及私人基金会委托的几百个研究项目。殷博士至今仍然主持着许多研究项目,包括一些采用案例研究法的研究项目。

第三节 专业名刊

一、Ⅰ类期刊(最新版,不含扩展版)

Ⅰ类期刊主要包含四种:一是科学引文索引(Science Citation Index,SCI)收录期刊;二是社会科学引文索引(Social Science Citation Index,SSCI)收录期刊;三是艺术与人文类期刊索引(Arts & Humanities Citation Index,AHCI)收录期刊;四是工程索引(Engineering Index,EI)收录期刊。

此类本专业相关代表期刊如"Public Administration Review","Journal of Public Administration Research & Theory","Public Administration and Development"等,为SSCI收录期刊。

二、Ⅱ类期刊(最新版,不含扩展版)

Ⅱ类期刊主要有两大类期刊:一是由南京大学研制的中国社会科学引文索引(CSSCI)来源期刊;二是由中国科学院文献情报中心创建的中国科学引文数据库核心库期刊(Chinese Science Citation Database,CSCD)。

此类本专业相关代表性期刊有:《中国社会科学》、《管理世界》、《战略与管理》、《中国软科学》、《中国行政管理》、《经济学研究》、《社会学研究》、《政治学研究》、《公共管理学报》、《新华文摘》、《中国农村观察》、《政治学》、《国外社会科学》、《学术月刊》等。

三、Ⅲ类期刊

Ⅲ类期刊主要是指北京大学图书馆《中文核心期刊要目总览》最新版所列举的核心期刊。一般而言,被CSSCI收录的期刊大多属于此类期刊,此外还有未被CSSCI收录的其他由《中文核心期刊要目总览》收录的期刊,本专业相关期刊如《管理科学》等。

四、Ⅳ类期刊

Ⅳ类期刊包括国外发行的其他期刊和国内公开发行的期刊（不包括科普类杂志和增刊）。

此类本专业相关代表性期刊有《公共行政评论》、《(清华)公共管理评论》、《复旦公共行政评论》等。

五、Ⅴ类期刊

高职高专学校的学报及科普杂志学术版刊物（不包括增刊）。

如《读书》、《南方周末》等。

第四节　专业相关网站介绍

推荐相关网站：世纪中国、中国研究服务、天则经济研究所、中国选举与治理、观点与资源、光明网、人民网、宪行天下、公共行政、MPA、三农中国、中国政治学、中国社会学、社会政策、制度分析与公共政策等网站，北京大学、清华大学、南京大学、复旦大学、中山大学、中国人民大学、南开大学、武汉大学、吉林大学、厦门大学等公共管理学院网站。

参考文献

[1] 温来成.现代公共事业管理概论[M].北京:清华大学出版社,2007

[2] 冯云廷,陈静.中国公共事业管理体制改革研究[M].沈阳:东北大学出版社,2003

[3] (美)盖斯特-马丁等著;龚文庠,李利群,译.健康传播:个人、文化与政治的综合视角[M].北京:北京大学出版社,2006

[4] (美)弗林等著;李林贵,杨金侠译.医疗机构人力资源管理[M].北京:北京医科大学出版社,2006

[5] (美)麦克莱恩;李曙光,李敏,译.医疗机构财务管理[M].第2版北京:北京医科大学出版社,2005

[6] (美)鲍曼等著;张秀琴,译.职业优势:公共服务中的技能三角[M].北京:中国人民大学出版社,2005

[7] 张奇林.美国医疗保障制度研究[M].北京:中国人民大学出版社,2005

[8] 陈振明.政府再造:西方"新公共管理运动"述评[M].北京:中国人民大学出版社,2003

[9] 贾西津,沈恒超,胡文安,等.转型时期的行业协会:角色、功能与管理体制[M].北京:社会科学文献出版社,2004

[10] (美)扎斯特罗等著;晏凤鸣,译.社会工作实务:应用与提高.第7版[M].北京:中国人民大学出版社,2005

[11] 崔运武.公共事业管理[M].上海:复旦大学出版社,2013

[12] 徐双敏.公共事业管理概论[M].北京:北京大学出版社,2013

[13] 郑建明,顾湘.公共事业管理[M].上海:上海交通大学出版社,2011

[14] 苗丽静.公共事业管理[M].大连:东北财经大学出版社,2011

[15] 朱显仁.公共事业管理概论[M].北京:中国人民大学出版社,2009

[16] 徐家良.公共事业管理学基础[M].北京:北京师范大学出版社,2008

[17] 娄成武,李坚.公共事业管理概论[M].北京:中国人民大学出版社,2006
[18] 麦可思研究院.2013年中国大学生就业报告[M].北京:社会科学文献出版社,2013
[19] 丁煌.西方公共行政管理理论精要[M].北京:中国人民大学出版社,2005
[20] 何云峰,等.公共事业管理专业人才培养理念及特色化改革研究[J].教育理论与实践,2012
[21] 帅学明.普通高校公共事业管理专业改革与建设探讨[J].贵州教育学院学报(社会科学),200
[22] 阳盛益,杨雪姣.公共事业管理专业学科建设的经验借鉴与改革思考[J].浙江理工大学学报,2008
[23] 段华,景琳,董静.中医药院校公共事业管理专业教学改革与探讨[J].成都中医药大学学报,2004
[24] 景琳.中医药院校公共事业管理专业的发展与值得重视的问题[J].成都中医药大学学报,2001
[25] 张维,杨敬宇,罗中华.卫生事业管理专业应用型人才培养的几点思考[J].西北医学教育,2013
[26] 瞿书铭,许能锋,汪雪莲,等.卫生管理本科生人才培养目标体系构建与应用的探索[J].福建医科大学学报,2011
[27] 黎志敏,王琼,黄宵,等.泸州医学院公共事业管理专业双学位学生之需求与专业满意度调查分析[J].医学与法学,2012
[28] 李永生.公共事业管理专业实践教学体系设计探析[J].渭南师范学院学报,2013
[29] 孙孝科.公共事业管理专业课程设置现状、原则及其方法[J].南京邮电大学学报(社会科学版),2011
[30] 周湘莲.公共事业管理专业实践教学体系的建设与完善[J].湖南师范大学教育科学学报,2011
[31] 邓俊英.公共事业管理专业课程设置与人才培养[J].国家教育行政学院学报,2010
[32] 冯珊珊,王碧华,周梅.医学院校公共事业管理专业的课程设置现状分析[J].中国高等医学教育,2008
[33] 宋琪,方永恒.公共事业管理专业实践教学体系的构建与实践[J].西安邮电学院学报,2008
[34] 张一含.让"课堂作业"在课堂中发挥作用[J].浙江教育科学.2012
[35] 南京中医药大学.关于印发《南京中医药大学课程考核管理办法(修订)》的通知(南中医大教字(2010)272号),2010
[36] 南京中医药大学经贸管理学院.公共事业管理专业(医疗保险方向)人才培养方案,2013.
[37] 南京中医药大学经贸管理学院.公共事业管理专业(卫生事业管理方向)人才培

养方案, 2013

[38] 南京中医药大学经贸管理学院. 南京中医药大学与澳大利亚斯维本科技大学合作项目公共事业管理(卫生管理与沟通)专业人才培养方案, 2013

[39] 雷丽珍. 高校公共事业管理专业发展的困境与对策——基于第三部门的视角[J]. 焦作大学学报, 2010

[40] 陆锦峰. 公共事业管理专业毕业生就业难原因分析[J]. 巢湖学院学报, 2013

[41] 李志勇, 徐红宇, 韩建华. 公共事业管理专业人才培养改革研究[J]. 黑龙江教育(高教研究与评估), 2013

[42] 陈昌洪. 公共事业管理专业就业影响因素分析[J]. 现代商贸工业, 2009